덕진스님 포교 수행담

두번째 화살을 맞지말라

덕진스님 지음

우리출판사

두번째 화살을 맞지말라

덕진스님 지음

머리말

사람은 누구나 잘 살려고 한다. 잘 살려는 생각과 몸짓이 각자 다르고 잘 사는 가치와 기준이 각양각색이다. 잘 사는 길을 찾지 못하고 그 기준을 정하지 못해 방황하기도 한다. 길을 찾고 기준을 잡았다 해도 무참히 꺾어 버리는 그 무엇이 있다. 자신의 길을 찾고 무참히 꺾임에도 좌절하지 않고 단단하게 버티는 처방이 여기 있다. 그 지혜가 여기 있다.

내 자신도 잘 살려고 무척 애를 썼으나 뜻대로 되지 않았다. 육신과 마음의 아픔 속에서 나를 재발견하고 인생의 참다운 길 한가닥을 잡았다.

가난과 무지에 멍든 가슴을 안고 몸부림쳤으며, 사랑과 이별 속에서 인생의 비애와 고뇌를 뼈저리게 겪고 정신과 육체를 제대로 다스리지 못한 병으로 죽음까지도 생각했으나, 지중한 인연으로 인생을 바꾸는 묘약을 만나, 밝고 기쁘게 살며 나름대로 보람을 만끽하고 있다.

왜 출가(出家)를 해야만 했을까? 왜 남보다 작은 체구로 쉴새 없이 일하며 움직이고 있을까? 그렇게 움직이게 하는 그 무엇이 있을까? 내가 생각해도 신기한 힘, 신비로운 무엇인가 있는 듯하다. 그게 바로 부처님에 대한 감사와 부처님 가르침에 대한 확신이며, 내 인생을 전환시킨 좋은 법을 만인과 함께 알고 행하고자 하는 소명의식이라 생각된다.

이런 의지로 수행하고 이런 의지로 몸 불편한 이, 죄 지은 이, 늙은이, 어린아이, 마음 아픈 이, 평범한 이 등 이 땅의 모든 사람들을 만나 불법을 전하면서 내 스스로 잘 사는 가치 기준을 설정했고, 또한 보람과 기쁨이 잔잔하게 다가와서 '잘 사는 것이 이런 것이구나!' 하고 느끼게 되었다.

이 체험담은, 수행중에 나를 지탱하는 버팀목이었고, 소중한 인연을 가꾸는 영양소였으며, 서로서로의 향기를 나누기도 했던 것들을 모았다.

이 중에는 아무나 체험할 수도 있지만 미처 체험하지 못했던 일, 평범 속에서 평범하지 않게 느낀 사연 등을 골라 엮었다.

아직도 잘 사는 길과 가치관이 정립되지 않아 방황하는 분들에게 작은 안내의 등불이 되고, 고뇌와 삶의 무게에 짓눌린 사람들에게 힘과 지혜가 되었으면 얼마나 좋을까?

그리고 각박한 세상에서 생존경쟁을 하는 사람들에게 맑고 신선한 산소가 되고, 혼탁한 세상의 피로한 일과 속에서 청량제가 되기를……

이제 수행과 포교의 체험수기를 내면서 오늘이 있기까지 인도해 주신 분들과 수행과 포교의 터전을 마련하는 데 도와 주신 시주인연들에 대하여 새삼스레 깊이깊이 감사드린다.

그리고 원고 정리에 수고해 주신 분들과 우리출판사 대표 무구 스님과 임직원께도 감사드린다.

미흡한 글이지만 조용히 음미해 보고 정다운 님들과 진솔한 대화의 소재가 되고 이웃끼리 친숙해지는 화제로서 이 세상을 밝은 미소 가득하게 하는 데 도움이 되기를 기원한다.

1998년 2월 1일 은월산 정토사 수효재에서

차 례

머리말

제1부 극락문이 언제 열리는가요

사람 위한 냄새 • 15
한 결혼식에 두 주례 • 17
냉정하고 준엄한 모듬살이 • 20
첫 인연의 결과 • 24
극락에 이르다 • 27
떡은 내 떡이지 • 33
쥐와 현금을 나누다 • 37
카바레와 국수 • 40
임종 염불 • 42
인등과 시주 • 44
자살 미수 • 47
누구를 위한 학교일까? • 50
닭장에 갇힌 자를 풀어 주자 • 53
극락문(極樂門)이 언제 열리는가요? • 56

두 번째 화살을 맞지 말라

제2부 인생묘약

인생 가꾸기 • 63
혀끝에 방망이 • 67
귀신은 없었어요 • 71
스님, 사랑해요. • 74
이별의 손수건 • 76
정업탕(淨業湯) 이야기 • 79
장기판 • 82
수행자의 해수욕 • 84
나름대로 쓸모가 있어 • 88
마음부터 도량까지 말끔히 • 90
남탕 소동 • 92
식육(食肉) • 94
쇠고기 • 97
묘약(妙藥) • 100
출가 인연 • 105
소신(所信)과 원력(願力) • 114

차 례

제3부 똥싸서 위안하다

죄업과 뱀소동 • 121
진리와 방편 • 124
사람을 위한 종교 • 126
자연과 마음, 그리고 부처 • 128
운명과 육바라밀(六度) • 131
바다 같은 부처님께 • 134
정토(淨土)로 가는 길 • 138
순리적 과정은 원만한 결과 • 140
믿음과 이해로써 원(願)을 이루자 • 143
캄보디아 앙코르 성지순례기(聖地巡禮記) • 145
생활 주변에서 일을 찾자 • 154
독화살을 뽑고 치료부터 • 157
부처님과 대화하자 • 159
소리 없음도 듣고 형상 없음도 보자 • 161
때때마다 안락(時時安樂) • 164
부인의 코를 잘라서 • 166
흙하고 나하고 • 169
똥싸서 위안하다 • 172

두 번째 화살을 맞지 말라

제4부 무소유의 기쁨

해부 현장 • 179
즉효 처방 • 183
부정타는가? • 187
교육부 장관이 된다면 • 190
무소유의 기쁨 • 193
분별심을 이기고 • 195
거짓말요리 • 199
똥파리가 돈파리로 • 203
기도 영험 • 205
성냄을 이기는 방법 • 207
포교의 공덕 • 209
심경농장(心耕農場) • 212
육법공양 발원문(六法供養 發願文) • 214
네 가지 즐거움과 현실 • 216
두려움 없는 큰 회사 • 221
탐욕심을 이기는 방법 • 224
남녀 평등 • 227
두 번째 화살을 맞지 말라 1 • 229
두 번째 화살을 맞지 말라 2 • 234

차 례

제5부 잘 산다는 것은

잘 산다는 것은 • 239
얼을 지키는 정토화(淨土化) 실행 • 242
효도하며 수행하자 • 246
새해 아침 발원문 • 249
부처님 오신날 발원문 • 251
동료·이웃부터 부처님 가르침 전해야 • 253
출가(出家)의 깊은 뜻 • 256
어린이와 함께하며 • 258
정리한 가르침 • 262
두 고개를 넘어서 • 265
정토 구현은 내 고장 포교부터 • 268
담배씨만큼 돕고 호박만큼 얻는다 • 271
두 권의 천자문(千字文)을 만들면서 • 274
어린이 포교의 필요성 • 277
법당 안내원 • 281
기도 법회 운영의 개선안 • 284

제1부 극락문이 언제 열리는가요

사람 위한 냄새

한 결혼식에 두 주례

냉정하고 준엄한 모듬살이/첫 인연의 결과

극락에 이르다/떡은 내 떡이지

쥐와 현금을 나누다

카바레와 국수/임종 염불

인등과 시주/자살 미수/누구를 위한 학교일까?

닭장에 갇힌 자를 풀어 주자

극락문이 언제 열리는가요?

사람 위한 냄새

여러 해 전의 일이다. 울산 ○○사에서 초파일 전날 행사 준비에 한창 바쁜데 전화가 왔다.

"스님, 효암여자상업고등학교 불교학생회 회장입니다. 오늘 부처님 오신날 기념 법회에 교장선생님께서 설법하시기로 약속하셨는데 갑자기 일이 생겨 교육청에 급히 가셨습니다. 오늘 일정에 차질이 생기면 우리 학생들에게 불교 신용 다 떨어집니다. 불교학생회가 망신을 당하게 되었어요. 스님, 어떻게 해요? 좀 오실 수 없겠습니까?"

일년 중 가장 바쁜 날이었지만 잠시 가서 설법을 하기로 했다. 하지만 법회 시간에 맞추어 도착하기에는 시간이 모자랐다.

바쁜 마음으로 절 아래 검문소에 내려와 검문소 경찰관에게 부탁했다.

"법회 시간이 바빠서 버스를 기다릴 수가 없어요. 죄송하지만 지나가는 차 한 대만 세워 주십시오."

"예, 스님. 그렇게 하지요."

잠시 후 좌석이 하나 빈 화물차를 세웠다. 적재함이 쇠로 만든 창고 같은 화물차였다.

"죄송합니다. 바쁜 스님이 계시는데 서창까지만 좀 부탁해요."

검문 경찰관의 말이 떨어지자마자 나는 "감사합니다." 하고 화물차에 올라탔다. 다음 순간 코를 찌르는 역한 냄새가 났다. 그 화물차는 냉동 육고기를 운반 배달하는 차였던 것이다. 기사가 오히려 미안해했다.

"스님, 죄송합니다. 고기차에 스님을 모셔서 대단히 죄송합니다."

누린내, 비린내가 진동하는 화물차 안이었으나 나는 아무렇지 않은 듯 정중하게 대답했다.

"이게 다 사람을 위한 냄새입니다. 기사님도 저도 다 사람 위해 바쁘게 가고 있습니다."

그 기사님 덕분에 불교학생회의 설법을 잘 마치고, 학생들로부터도 정말로 감사하다는 인사도 받고 돌아왔다.

생활 속에 일어나는 상황에서 불편한 점이나 내 맘에 조금 안 맞는 점이 있어도 어떤 상황에서든지 장점을 생각하고 드러내야 한다. 사람도 단점보다 장점을 보고 살아보자. 난처하거나 어색한 상황에서 빨리 좋은 점을 부각시키면 분위기가 달라지게 된다.

때와 분위기에 맞는 위안이나 유머는 황금보다 귀하다.

한 결혼식에 두 주례

여러 해 전에 불심이 아주 돈독하고 불교와 사회를 위해 열심히 봉사하며 불교청년회원들의 지도도 열심히 하는 청년 회원이 결혼을 했다.

축하 선물을 가지고 결혼식장에 갔다. 울산에서 유명한 세운 예식장이었다. 나를 보더니 신랑과 친구, 가족들이 감사하다며 인사를 극진히 했다.

예식장에서는 마침 그날이 길일(吉日)이라고 30분 간격으로 혼례식이 있었다.

그런데 불자 청년의 혼례식 시간이 다 되었는데도 주례를 하시기로 약속한 스님께서 오시지 않았다.

오전 일찍이 경북 지역 모처에서 법회를 보시고 12시 30분으로 정해진 결혼식에 맞추어 오시기로 약속하셨다는데 오시지 않아서 신랑 신부와 가족들과 사회자 모두 초조해하고 있었다.

결혼식을 시작할 시간이 10분이 지나도 주례 스님이 나타나시지 않자 참다 못한 신랑이 나에게 부탁하는 것이었다.

"덕진 스님께서 주례를 해 주십시오."

"난 법당 밖에서 주례는 해보지도 않았고 자신도 없는데요. 조금 더 기다려 봅시다."

나로서는 갑자기 주례가 바뀌는 서운함과 혼란을 피하는 게 좋다고 생각했다. 그러는 동안 예정 시간이 15분이나 지났다.

"할 수 없습니다. 스님께서 해 주십시오. 예약 시간이 30분뿐입니다. 다음 사람에게 지장을 줄 수도 없습니다. 그리고 스님도 제가 평소에 존경하는 분이시니 저희들을 위해서 주례를 맡아 주시면 감사하겠습니다."

신랑의 간곡한 부탁에 나는 할 수 없이 두루마기차림 그대로(중요 의식이나 강단에서는 가사*를 입는다.) 사회자 진행에 따랐다.

신랑 신부 입장……

신랑 신부 경례……

성혼 서약……

성혼 선언……

주례사……

"예로부터 지중한 인연 있어 만났으니 부처님과 조상님 부모님 국가에 감사 드리고…… 서로 상대방의 입장에서 이해하며 사랑하고…… 이상은 원대하게 현실에 만족하며……."

주례사가 끝나고 신랑 신부 행진이 끝날 때에 선약한 주례 스님이 오셨다.

나는 급초빙 주례가 되었고 결혼식은 15분 이내의 특급행 식이 되었다.

뒤에 오신 주례 스님은 "도로에 차가 너무 밀려서 늦었으니 죄송해요. 덕진스님께서 주례를 하셨으니 다행입니다." 하시며 신랑 신부와 기념 촬영을 하셨다.

"혼례식 한 번에 두 스님이 주례를 맡았으니 희귀한 일이오. 굉장히 복 많은 부부입니다." 라고 내가 위안하자 대중들은 크게 웃었다.

신랑 신부도 후회나 불쾌함이 없다고 하며 다시 한번 감사의 인사를 했다.

신랑 신부는 어려운 상황을 침착하고 지혜롭고 합리적인 방법으로 극복하였다.

'불교를 신행(信行)하고 마음공부를 한 힘이 크구나' 하는 생각이 든다.

* 가사:부처님께서 입으셨던 겉옷이며 승려의 가장 중요한 상의(上衣)이며 예복이다.

냉정하고 준엄한 모듬살이
-선방일기(禪房日記) 중에

시내 산속이지만 번화한 대도시 가까운 절에 살면서 고뇌하는 자의 벗이 되며 주검 앞에 애도와 왕생의례 독경을 하고, 모임과 단체마다 정성과 힘을 쏟아 설법하고 있다.

또 어린이 앞에서는 같이 놀이를 하고, 시민 안녕과 번영을 기원한다. 그리고 포교의 방법을 연구한다.

그러다 보니 내 시간도, 나를 돌아볼 여유도 없었는데 큰마음 먹고 선방에 방부를 들였다. 그리하여 참으로 오랜만에 내 자신을 찾아 좌정하고 마음 찾아 화두(話頭)를 들고 있다.

나를 가꾸어 나가니 이제 작은 해탈을 얻었다고 느끼면서 선방이 가장 안정되고 편안한 수행처라 느끼고 수행 일과에 충실하고 있다.

오늘은 새벽 정진 시간에 도반스님 한 분이 불참했다. 아침 공양 시간에는 나와 마주앉아 먹곤 했는데 불참하여서 '간밤 잠결에 약간의 큰소리가 들리더니 그런 일로 피곤해서 그런가?' 라고 생각했는데 오전 정진 시간에 보니까 그 스님의 좌복(참선할 때 앉는 방석)이 없었다. 좌복이 없다는 것은 다른 곳으로 갔거나 퇴소시켰거나 둘 중 하나이다.

점심 공양 후 후식으로 차담을 먹는 시간에 중요한 일이나 대중에게 알릴 사항이 있으면 입승 스님이나 서기 스님이 공지사항을 알리는데 오늘은 아무 공지도 없다.

두 달 동안 같이 생활하고 수행한 도반인데도 누구나 그 스님의 행방을 묻지도 않고 공지나 발표도 없다. 참으로 냉정하고 규칙이 준엄함을 느낀다.

어떤 사정으로 갈 수밖에 없었다는 말도 없다. 말 끝에 간 사람의 장단점이 드러나고 대중들의 찬반 논란이 일 것이 분명하므로 절대 필요한 일만 하며 과거에 얽매이지 않고 앞을 향하여 오로지 정진, 정진뿐이다.

'오는 사람 막지 않고 가는 사람 잡지 않는다.' 는 절집안에 전해오는 말 그대로였다.

사회의 단체라면 간 사람의 사정을 말하고 장단점을 논하고 남아 있는 대중이 주의하라, 누가 허물있고 누가 책임이 있는가의 시비를 논하고 반성하자는 등의 논의가 있겠지만 선방 수행분상에선 일체의 군더더기가 없어서 맑고 깔끔하다.

그러면서 대중의 규칙과 관행을 준수하고 자기를 다스리며 모듬살이에 탈락되지 않게 뼈를 깎는 노력과 분투가 필요하다. 그런 중에 타인의 장단점을 찾을 겨를은 없다.

참으로 냉정하고 준엄한 모듬살이임을 실감하며 한시름 놓고자 노래나 읊어 본다.

떠남

君아!
무슨 사연 있어서 가는가?
후학 위해 한마디 일러주게.
여보게?
가는 자 사연 알아 무엇하리
가고 싶어 인연 따라 가는데
가는 곳에도 사람 살고 진리대로 산다오.
가는 자 인사 없이 남는 자 말도 없이
가고 오는 조건 없이
묵묵히 미소 짓고 선정이 익어가오.

가는 님 결망에 희망이 가득
계신 님 결망에 침묵이 가득
나란한 좌복에
고행과 희열이 엉킨다.

간다고 지구를 떠나리
있다고 세월을 묶어 두리
오늘 가면 어떻고
내일 가면 어떠하리

아주 간 것은 아니지
배웅 절차가 없는 걸 보니
언젠가는 떠나야 할 인생
선정도 말이 없고 진리도 말을 떠나서
無言의 禪定으로 生死 길 혜량하리다.

첫 인연의 결과

만남의 인연은 누구에게나 소중하다. 본인도 수많은 사람을 만나고 또 만나지만 모두 다 귀한 인연이라 생각하고 더 좋은 인연이 되도록 노력한다.

10여 년 전에 내일의 불교 미래의 일꾼을 기르고자 여러 해 어린이 법회를 하고 군부대 설법도 다닐 때의 일이다.

○○사 주지로 있을 때 나름대로 열심히 산다고 기도와 포교도 했지만 상하(上下)와 주객이 조화가 잘 맞지 않았다. 그 틈에서 고뇌하고 갈등도 많이 겪었다.

어려움을 이기고자 기도로 일관하면서 또다른 대중을 위해 부처님 법을 전하고 내 힘으로 봉사할 수 있는 일이 없을까 고심하던 중이었다.

울산 공원묘원에서 신도의 장례식 때 염불 독경을 했던 기억을 되살리며 공원묘원 사무실을 찾았다. 그때 이씨 사무장님에게 내 뜻을 전했다.

"공원묘지에 안장되는 영가에게 매장 때 부처님 법음인 왕생극락 염불을 해 드리고 싶습니다. 아무런 조건이나 대가의 부담없이 해드리겠습니다."

그랬더니 사무장님께서 좋은 뜻이라 하시고 사장님께도 말씀 드리겠다고 하며 기회가 되면 연락주겠다고 했다.

얼마 후 매장 영가의 가족이 스님을 찾는다는 연락이 와서 염불을 해 드리고 공원묘원 사장님도 뵙게 되었다. 그리고 불도(佛道)와 다도(茶道)에 대하여 얘기를 나누던 중 우리 지역에 다도회(茶道會)를 만들고자 하셔서 울산 다연회(蔚山茶硏會)를 발족했다.

그 무렵 나는 ○○사를 그만두고 수효사에서 열심히 기도를 하였다. 그런데 어느 날 최사장님이 내게 말했다.

"공원묘지 가는 길목인 우리 산에 절을 지으려고 전부터 터를 보아 두었는데 절 지을 스님을 만나지 못했습니다. 덕진 스님께서 절을 지어 보시겠습니까?"

나는 잠시 생각하다가 절을 창건하는 일은 너무나 힘들지만 부처님의 제자로서 마땅히 해야 하는 일이라는 생각이 들어 앞뒤 계획 없이 무작정 절을 지어 보겠다고 대답했다.

이 말에 최사장님은 고개를 끄떡였다.

"수많은 공원 묘지 영령들을 위로하고 좋은 부처님 진리 말씀과 염불도 들려줍시다."

그런 뜻으로 절을 지어보라 하신 말씀이 근거가 되어 최한형 사장님은 일천 여 평의 산을 절터로 선뜻 시주하셨다.

그리고 고(故) 고성훈(高聖焄) 스님과 서진태 거사가 설립한 수효사 포교원을 지키면서 포교에 전념하고 지역 불교계에 심부름도 부지런히 하면서 정토사를 짓게 되었다.

　지금도 공원묘원 최한형 사장님의 큰 뜻에 감사드린다. 최사장님도 절이 성장 발전하여 공원묘지도 좋고 시민 불자들도 좋다고 하시며 보람을 느끼신다고 종종 말씀하신다.

　돌이켜보면 순수하게 영혼들께 염불공양을 하겠다는 뜻과 불교를 위한다는 작은 원, 그리고 해보겠다는 용기가 있었던 처음 만남이 큰 불사를 이루게 된 동기가 되었다고 생각한다.

　멀리는 오랜 전생부터 인연이 있었을 것이다. 순수한 뜻으로 만나서 이해(利害) 조건 없이 친숙해진 관계는 오래가고, 헤어진다 해도 상처나 피해는 없는 것이다.

극락에 이르다

집착을 벗어나 보람으로

어린 시절 나는 학과성적이 남보다 좋은 편이었음에도 집안 사정이 넉넉하지 못하여 학교 공부를 많이 하지 못했다.

학문보다는 기술이나 잘 익혀 어떻게 돈벌이를 잘할 수 있을까 하는 생각을 계속하였다. '내가 장남이니까 빨리 돈을 모아서 부모님도 편히 모시고 동생들도 공부시켜 잘 성장하도록 해야지.' 하는 집념에 가득 차 있었던 것이다.

보편 타당한 집념이었지만 그렇다고 집념만으로 되는 일은 아니었다. 복과 여건이 맞아야 하는데 그렇지 못했다.

기술을 배운다고 객지 생활도 해보고 집에서 가축을 기르기도 해보았지만 자본과 지식, 그리고 여건이 잘 맞지 않으니 애를 쓰고 노력을 해도 실패와 고통을 겪으면서 건강도 나빠지고 체력도 약해졌다. 일체 삶은 고(苦)라고 설파하신 부처님의 가르침을 체험을 통하여 절절이 습득한 것이었다.

자기 주관적 집착(물질, 사람, 하는 일 등등)에 빠져서 괴로움을 당하는 생활이었다.

그러다가 승려가 되어서는 도(道)를 얻는다는 원력보다는 어쩌면 건강을 정상으로 회복할까 하는 생각에 빠져 이 절 저 절을 전전하면서 승려의 길에도 속세의 길에도 자신감이 없었다.

그러다가 '건강은 부처님께 맡기겠다. 될 대로 되어라. 죽든지 살든지.' 하는 심정으로 통도사 승가대학 사미반에 입학하여 살면서 대중생활을 하게 되었다. 힘겹고 지칠 때도 있었지만 참고 견디었다.

그랬더니 위장병도 호전되고 건강과 삶에 자신이 생겼다.

그 반년 가량 강원생활의 바쁜 일정과 엄한 규칙을 익히느라고 병을 잊었다. 그리고 승려의 계율을 지키고, 불교를 배우면서 아는 대로 확신이 가는 대로 다른 사람들에게 전해 주었다.

그러면서 나는 지금까지는 복덕이 부족하여 고생했지만 앞으로는 타인을 위해 내 노력과 봉사를 다하면 조금이나마 복을 짓게 될 것이라는 믿음으로 기도와 불교의식과 포교에 꾸준히 정진하게 되었다.

그러니 갈등과 고뇌는 해소되고 보람을 느낄 수 있었고 할 일이 많고 나날이 바쁘지만 괴로움을 여읠 수 있었다.

본인처럼 잘 살고자 하는 집착이 아니더라도 사랑에 대한 집착, 명예와 감투에 대한 집착, 학문이나 학점에 대한 집착 등이 있고, 병고가 아니더라도 가족간의 고뇌, 뜻을 못 이룬 괴로움, 원한의 괴로움 등등이 있는데 이는 모두 다 자기 주관적 집착과 자기 위주의 생각에서 비롯되는 것이니 이같은 편협한 사고에서 벗어나 세계적으로 영구적으로 시야를 넓혀 객관적인 판단을 하자.

정당한 방법과 순리적 과정으로 되어가는 대로 일하고 산다는 방향으로 생각을 전환하면 마음의 여유가 생긴다. 그리고 마음도 몸도 편안하고 소기의 목적이 어렵지 않게 이루어지기도 한다.

이런 생각의 전환과 보람이 삶의 안락이 아닌가 생각된다.

한 생각만 바꾸면 극락이다

불가에 귀의하기 전에는 개인 신상 문제에 얽매어서 괴롭고 또한 병고로 괴로워했지만 그런 문제의 집착에서 차츰 풀려나면서 삶에 자신감과 긍지를 느꼈다.

이제 근 18년 동안 부처님법 안에서 건강과 보람을 찾았으니 복을 지어야 한다는 생각과 은혜에 보답해야 한다는 생각은 불교 교단을 위해서, 우리 민족의 얼과 문화를 계승 발전시키고 우리 민족의 주체 사상과 자존 의식을 보전하기 위해서 불법포교(佛法布敎)를 게을리 할 수 없다는 집념에 빠지고 말았다.

그래서 그런 일을 내 주관대로 활발하게 추진하기 위해 사찰을 창건하였던 것이 이제 사찰 관리에 적잖이 얽매이게 되었지만 포교에 대한 내 열정은 변함이 없다.

축원도 염불도 설법도 정성으로 최선을 다해서 한 사람이라도 더 불교를 알게 하고 인격을 갖추게 해야 한다는 일심으로 무장하고 그렇게 하려는 의욕과 집착이 따르니 잘하지도 못하면서, 사찰이나 불교 단체는 물론이거니와 학교, 군부대, 경찰서, 구치소, 사회단체, 기업체나 가정 가릴 것이 없이 인연이 닿는 대로 발길이 닿는 대로 달려갔다.

　잔잔한 이야기도 하고 또는 열변으로 손짓 발짓에 선물까지 해가며 열과 성을 다해 포교에 전념했다.

　"일시적이고 허무한 것을 버리고 영구불멸의 진정한 자기를 찾으십시오."

　"개인 복을 빌기보다 만인을 위해 자선과 보살행을 하세요."

　"희노애락(喜怒哀樂)은 모두 마음으로 짓는 것이니 마음을 잘 다스리십시오."

　이렇게 힘을 다해 외치기도 하고, 읽고 보고 들은 대로 불교의 교리에 대해 알기 쉽게 말해 주기도 했다.

　하지만 부처님께서는 '이 세상 모든 것이 공(空)이고 공(空)의 이치를 체달하면 고뇌가 없는데 공(空)에 집착하면 고치기 어려운 병이 된다. 그러니 공에도 집착하지 말라.'고 하셨다.

　포교라는 원력도 내 주관적 집착에 지나지 않음을 깨닫고 이런 집착과 자기 도취적 꿈에서 잠시 나마 벗어나 보려고 지난해와 금년 하안거(夏安居)에 선방에 입방하였다.

　오직 깨달음을 구하기 위해 30여 명의 스님과 함께 참선 정진하였다.

　대중 생활의 규칙을 통하여 자신을 절제하고 관리하게 되었다. 새벽 3시에 예불을 모시고, 바로 좌복에 몸을 틀고 앉아 화두를 붙들었다.

　상쾌한 산바람이 가슴 속까지 시원하다. 어둠이 가시는 여명 속에 기와지붕이 시꺼멓게 보이다가 먼산이 아련히 보일 때 쯤이면

'지지배배, 지지배배, 끼룩끼룩' 산새들이 날아들어 반가이 문안 인사를 올린다.

대자연이 어둠을 벗는 여명 무렵 공양을 하고 오전, 오후, 저녁 정진에 전념하면 산문 밖의 애환과 세상의 고뇌를 모두 잊어버릴 수 있었다.

속진 번뇌를 모두 벗으니 씻은 듯이 상쾌했다.

침식 제공도 선원에서 정성껏 깔끔히 잘해 주고 혹시 아프면 약도 주고 치료도 해주니 걱정이 전혀 없었다.

좌선 정진 시간 외에도 아침 운동, 산책, 빨래하기, 휴식, 취침 등 자유시간을 주지만 그때에도 여전히 '이뭣고'를 챙기는 것을 잊지 않았다.

그리고 정해진 청규 속에서 대중과 함께 행동했다.

선방 생활은 순수하게 자발적이다. 남의 눈치를 보거나 지시를 받아 의무적으로 이행하지는 않는다.

오직 자아 발전과 자심 계발(自心啓發)에 뜻을 두고 선방 생활을 하니 진정으로 내 자신을 보살피고 가꾸는 삶이라 여겨진다.

그래서 복락(福樂)을 누린다. 극락세계가 먼 데 있는 것이 아니라 이 경지가 바로 극락이다.

선방에 오기 전에 행했던 가람 수호와 대중 관리, 포교에 대한 집착이 내 스스로를 줄 없는 그물에, 벽 없는 감옥에 가두었다고 느껴진다.

정토사(淨土寺)는 현세의 고뇌를 씻어 안락 정토를 발원하고 선망 조상님의 왕생정토(往生淨土)를 발원하는 도량이다. 하지만 내 자신의 진정한 정토는 여기 영축산 극락 선원이 아닐까!

　내 마음 따라 이름도 극락 선원이라. 한 생각을 바꾸니 참으로 걸림 없고 편안한 나날이다.

　극락정토가 경전 말씀대로 먼 나라에 있는 것이 아니라 현실 속에 있다는 것을 깨닫는 나날이다.

떡은 내 떡이지

 시골 어느 마을에 할아버지, 할머니가 금실좋게 서로를 아끼고 사랑하며 살았다.
 들녘은 황금 물결로 출렁이고 골목 안의 감나무에는 주렁주렁 열린 감이 붉게 익어가는 아름다운 가을이었다.
 가을비가 부슬부슬 내리는 어느 날 할머니가 할아버지에게 제안을 했다.
 "여보 영감, 우리 이렇게 부지런히 농사 지어 추수도 풍성히 하게 되었고 오늘은 비가 와서 농사일을 할 수도 없으니 떡이나 해 먹고 즐겁게 쉬어 봅시다."
 "참 좋은 말씀이오. 그러면 어서 떡방아를 찧읍시다."
 '쿵더쿵 쿵더쿵.'
 노부부는 사이좋게 떡방아를 찧어서 떡 한 시루를 쪘다. 무럭무럭 김이 솟고 떡 냄새가 구미를 돋우었다. 할머니는 오랜만에 대하는 구수한 떡 냄새에 침이 꿀꺽 넘어갔다. 그리고 '이 맛있는 떡을 나 혼자서 실컷 다 먹어야지.' 하는 욕심이 발동했다.

"여보, 영감!"

"왜 부르오?"

"이 맛있는 떡을 내가 다 먹고 싶네요."

"나도 먹고 싶은데."

"영감, 우리 내기를 해서 이긴 사람이 다 먹기로 합시다."

"무슨 내기를 하는 게 좋겠소?"

"말을 참는 내기라오. 우리들 중에서 말을 먼저 하는 사람은 지고 말을 늦게 하는 사람이 이기는 것이죠. 이긴 사람이 떡을 모두 먹기로 합시다. 어때요?"

그리고는 떡시루를 방 가운데 놓고 할아버지는 윗목에, 할머니는 아랫목에 앉아서 모락모락 김이 나고 구수한 떡 냄새를 맡으면서 서로 얼굴 한 번 쳐다보고 떡시루 한 번 쳐다보고 군침을 꿀꺽꿀꺽 삼켰다. 군침만 삼키다 보니 배가 더욱 고파졌다.

이런 시간이 한참 지났다. 할아버지도, 할머니도 꿀먹은 벙어리처럼 입을 꼭 다물고 멀뚱멀뚱 서로의 입만 바라볼 뿐이었다.

그때 문밖에서 마을 이장이 관청에서 전하라는 고지서를 가지고 찾아왔다.

"영감님 계십니까?"

그래도 아무 대답이 없었다. 마을 이장은 방문 가까이 가서 다시 한번 크게 불렀다.

"영감님 계시는가요?"

그래도 아무런 대답이 없었다.

마을 이장은 문 옆에 바짝 다가가서 보니 댓돌에 신발도 있고 방에서는 숨소리가 들리는 듯한데 아무 대답이 없으니 화가 나기도 하여 고함을 질렀다.

"영감 있소? 없소?"

그래도 아무 대답이 없어서 방문을 열어 보니 할아버지와 할머니가 방안에 얌전히 앉아 있는 게 아닌가. 자는 것도 아니고 정신이 말짱하게 깨어 있으면서 사람을 보아도 아는 척을 하지 않으니 마을 이장은 머리 끝까지 화가 치밀었다.

"이 늙은이가 사람을 어떻게 보는 거요. 혼 좀 나야겠어요."

마을 이장은 할아버지의 멱살을 불끈 쥐고 문밖으로 끌고 나갔다. 이 때 할아버지의 바지가 문지방 나무 결에 걸려서 주르륵 쫙 찢어지는 소리가 났다.

그 순간 이 광경을 시종 지켜보던 할머니가 외쳤다.

"아이고, 우리 영감 붕알 째져요!"

할머니는 마을 이장이 할아버지를 끌고 가는 데 화가 치밀어 오른데다 바지까지 찢어지는 소리가 나니 폭탄이 터지듯이 사정없이 고함을 지르고 달려들었다.

그 때 할아버지가 말했다.

"그럼, 떡은 내 떡이지."

그러나 그때는 이미 떡이 식어서 맛이 없게 되었음은 물론이고 노부부는 젊은 마을 이장에게 뜻밖의 망신까지 당하고 말았다.

이 이야기는 어릴 때 우리 마을에서 들었는데 출가하여 포교하면서 불교의 《백유경(백가지 비유 설법의 경전)》을 읽어 보니 떡내기가 《백유경》의 내용에서 각색을 달리한 이야기임을 알았다.

〈백유경〉의 내용은 상기의 이야기와 같으나 주인공이 노부부가 아닌 젊은 부부의 떡내기이다. 등장인물도 마을 이장이 아닌 도둑이며 내용은 도둑이 와서 눈뜨고 떡만 지켜보는 부부를 두고 보물을 모두 훔쳐서 싸도 그 때까지 두 사람이 아무 말이 없으니 도둑은 재물 외에 한 가지 더 욕심을 내서 젊은 부인을 겁탈하려고 하니 그제야 부인이 "여보 무엇해요. 사람 살려요!" 하니까 남편이 "그럼 떡은 내 떡이지." 라고 했다는 내용이다.

위의 이야기처럼 개인의 지나친 욕심은 파경을 부른다. 개인보다 상대를 위하고 여러 사람을 위하는 자리이타(自利利他) 행을 해야 하겠다.

쥐와 현금을 나누다

나는 십대 후반에 도시생활을 시작했는데 한 병원에 근무하고 있을 때의 일이다.

내 방은 집의 구석진 곳에 위치해 있었다. 방안에는 목재로 된 책상과 걸상이 있었다. 그 옆에 사무실용 대형 석유난로가 마분지 상자 속에 포장되어 있었다. 그 외에도 옷가지를 담은 종이상자 하나와 이불 한 채가 더 있었다. 허름하기까지 한 방이었지만 그래도 밤이 되면 나만의 시간과 공간을 만끽할 수 있는 유일한 곳이었다.

그런데 언제부터인지 가끔 잠결에 '바스락바스락', '사각사각' 하는 소리가 책상 쪽에서 들려 단잠을 방해하는 것이었다. 방바닥을 '쾅' 내려치거나, '누구냐?' 하고 고함을 지르면 그 소리가 그치곤 하였다.

집은 시멘트로 단단하게 지어져 쥐구멍이 없는 것 같은데 쥐가 어디로 들어왔는지, 무슨 벌레소리인지? 궁금했지만 대수롭지 않게 지나갔다.

그러던 어느 날 뜻밖의 사건이 일어났다.

내가 매우 아끼면서 책상서랍에 고이고이 넣어 둔 천 원짜리 새 돈이 없어진 것이다. 책상서랍은 자물쇠가 잘 잠겨 있었고 집안 사람들 중 그 누구도 책상을 열어본 적이 없다고 했다.

책상서랍을 열어 살펴보니 서랍 뒤편에 쥐가 갉아먹은 틈이 약간 있고 서류와 편지지에 얼룩이 보였다. 또 쌀알만한 검은색 쥐똥이 있었다. 나는 너무도 아깝고 안타까웠다. 서랍에는 쥐가 출입한 흔적밖에 없으니, 쥐가 돈을 물어간 것이라는 데 생각이 미쳤다.

"괘씸한 쥐새끼, 돈을 쓰지도 못하고, 돈으로 배를 채울 수도 없는데 쥐가 왜 물어갔을까? 요놈을 꼭 잡아야지."

그리고 같이 사는 대중들에게 그 이야기를 했더니 모두 다 기분 나쁜 얼굴로 한마디씩 했다.

"쥐가 무슨 돈을 가지고 가니?"

"돈이 아무리 좋다지만 쥐가 돈을 먹을 리가 있나, 쌀이나 과자라면 몰라도."

"그런 허튼소리 하지 마라 같이 사는 우리가 기분 나쁘다."

아무도 내 말을 믿지 않았다. 그런데 사건이 일어난 지 한 달 후 쯤 겨울 준비를 하면서 대형난로 박스를 들어내었다. 사건의 전모가 밝혀지는 순간이었다.

그 상자 뒤 방구석에 그렇게 소중하게 아끼던 천 원짜리 지폐가 꼬깃꼬깃 뭉쳐져 있는 것이었다.

꺼내 보니 쥐가 물어뜯고 갉아 먹어서 반쯤은 너덜너덜하고 반쯤은 돈의 모양새가 대충 그대로 있었다. 주변 사람들이 은행에 가면 바꾸어 준다는 말을 해서 한국은행에 가져가서 오백원을 보상

받았다. 1960년대였으니 내 형편엔 천 원도 큰돈이었다.

괘씸한 쥐새끼
아까운 내 돈을 왜 먹어?
서랍 속에 오줌까지 싸놓아
무슨 원한 맺혔나?

종이보다 곱고 빠득빠득 질긴 것
큰애기 손내음 아줌씨 분내음
방주인 애착까지 묻은 돈이 좋아서
갉고 뜯고 물어다 감추는 업(業)대로 했구나

잃은 돈 반을 찾고 보니
그래도 한 방 한 책상 같이 쓰고
현금도 반반씩 나누었으니
친한 친구 되려고 했나
지중한 인연이구나

똥 오줌 싸놓아 돈 물고간 흔적 남겨서
동료 친구 의심 않도록 했으니
괘씸하던 쥐가 고맙기도 하구나.

카바레와 국수

18세 되던 해의 일로 부산 중구 부평동에 있는 의원에 근무할 때이다.

일과 후 저녁에 간호사, 조수, 가정부 모두 다 모여 놀다가 돈을 내서 국수를 삶아먹자는 데 모두 찬성했다. 그런데 정작 국수를 사러 가게에 간다는 사람이 없었다.

부산에서 생활한 지 얼마 되지 않은 때라 부평동 지리도 잘 몰랐지만 내가 사러 가겠다고 자원했다. 부엌일 보는 아가씨가 국수가게 위치를 알려 주었다.

"요 앞으로 쭉 가면 시장이 있고, 그 옆에 대아극장이 있고, 옆에 은전궁 카바레가 있어요. 거기 가서 사세요."

나는 가게 위치를 잘 기억하고 찾아갔다. 말대로 극장이 보이고 그 옆에 찬란한 네온 불빛이 번쩍거리는 은전궁 카바레가 보였다. 생각보다 쉽게 찾았다. 카바레 안으로 들어가니 어두컴컴하고 시끄러운 음악소리가 들려왔다.

분위기가 좀 이상함을 느끼면서 머뭇거리고 있는데 문앞의 웬 남자가 "누구 찾아왔어요?"라고 대뜸 묻는다.

그러나 나는 매일 시장에 가는 취사 담당 아가씨의 이야기가 틀림없을 거라는 생각으로 "여기 국수 좀 주세요."라고 당당하게 말했다.

그 남자는 놀라는 표정으로 "국수요? 국수라고 했어요?"라고 물었다.

"예, 국수 주세요, 국수 없어요?" 했더니 "아~아, 국수는 우리 업소 문옆으로 가보세요."라고 했다.

나는 그 길로 뛰어나와 그 옆의 가게에서 국수를 사가지고 돌아왔다.

사람들과 국수를 먹으면서 '카바레 옆'이라는 말을 생략한 것도 모르고 카바레에 갔다는 이야기를 했더니 "이제 국수 사려면 꼭 현수 총각에게 물어봐야 한다."고 하면서 한바탕 웃었다. 그 뒤에도 가끔씩 식사 때 또는 회식 때 이 이야기를 하면서 웃기도 했다.

참으로 세상 모르고 순진하여 시키는 말 그대로만 했던 시절이었다.

그러나 30여 년 전 나의 무식은 병통이 아니었는데, 요즘의 십대들은 카바레가 무엇하는 곳인지 룸살롱이 어떤 곳인지, 단란주점이 어떤 분위기인지를 너무나 잘 알고 태연하게 부끄러움도 없이 출입하며, 주인들도 십대의 청소년을 환영한다고 하니, 과연 그곳에서 무엇을 배울 것인가. 이런 소년의 장래와 이 사회의 내일은 어떻게 될 것인가. 심히 우려된다.

임종 염불

출가수행은 승려의 본분사로 하고 포교도 보람으로 여기는데 그 중에서 힘겨운 일이 가끔 있다.

임종을 지켜보아야 자식 구실을 한다는 말도 있듯이 가끔 임종 시에 왕생 염불을 해 달라는 부탁을 받는다.

얼마 전에도 임종 염불 요청이 있었다.

어느 신도가 "병고로 임종을 맞으니 염불 독경을 해 주세요." 라는 전화를 받고 바쁘게 달려가서 염불 독경 발원했다.

"지장보살 같이 불러 업장소멸하소서."

"아미타불 같이 불러 왕생극락하소서."

"이 세상 형상 있는 모든 것 허망하니 이 모두를 허상인 줄 알면 깨달음 이루리다."

"영원생을 누리소서."

이렇게 마음을 가다듬고 목청도 다듬어가며 염불을 하는데 환자는 어푸어푸 숨을 몰아쉬고 입에 피와 거품을 뿜어내면서 팔다리가 움직였다가 그쳤다가 하면서 엄청난 고통을 말로 표현할 수 없을 만큼 받고 있다. 멸업장진언과 고통을 벗어나 안락세계 드시라는 이고득락(離苦得樂) 발원을 온 정성으로 계속했다.

한 시간쯤 지난 후에 숨을 몰아쉬다가 숨을 멈추었다.

이런 광경을 지켜보는 가족은 대성통곡을 하는 사람, "모든 것 잊어버리고 가소서." 라고 발원하는 사람, 가끔씩 빌어 주는 가족을 쳐다보다 지쳐서 아주 그 방 밖으로 나가버리는 가족도 있다.

이런 상황에서 염불에 온 정성을 다하느라고 온 몸에 땀이 나지만 그 고통을 지켜보는 것은 더욱더 힘겹고 안타까운 심정이다.

나는 승려 생활 중에 임종 염불이 가장 힘든 일로 여겨진다.

누구든지 죽는 날을 정해 놓았다. 다만 몇 월 며칠인지 모를 뿐이다.

어른 스님들께서 죽음을 준비하라 하신 말씀이 새삼 떠오른다. 수행을 꾸준히 하셔서 임종 전에 "나는 이제 떠난다. 모두 화합하여 공부 잘하라." 라고 말씀하시고 초연하게 고통 없이 앉은 채로 좌탈입망(坐脫入亡)하신 큰스님이 더욱 존경스럽다.

나도 마음 공부를 해야지…….

견성 해탈을 얻어야지…….

인등과 시주

 승가대학을 졸업하던 해에 갑자기 주지 소임을 맡게 되었다. 승랍도 경험도 너무 부족한 때인지라 힘겨웠지만 사찰 살림과 포교에 열중했다.
 지난해 요사채 증축 불사로 사찰 살림이 부족하여 빚도 많고, 아주 어려웠지만 승랍이 높은 60대의 노스님을 모시고 살았다.
 노스님이 보시기에 사찰 형편이 너무 어려우니까 인등(밝은 소망 이루고 안락함을 기원하고자 법당 안에 켜는 작은 등불)을 놓자고 하셔서 곧 주문하여 대웅전 부처님 좌우에 켜 놓았다.
 그런데 어느 신도님이 큰절에 계시는 은사 스님께 인등 때문에 절이 궁색해 보이고 돈 모으는 인상이 너무 짙다고 말씀드린 것 같았다.
 은사 스님께서 어느 날 절에 오시더니 당장 치우라고 하셨다.
 그때 노스님께서는 말씀하셨다.
 "신도불자의 안녕과 복락을 기원하고 신도 확보와 사찰 재정에도 도움이 되니까 좋은 방편이며 다른 절에도 많이 합니다."

그러나 은사 스님께서는 "사중의 형편이 어려워도 굶어 죽지는 않을 것이며, 주지는 신도들에게 시주금을 내도록 유도하거나, 그런 의도의 불사를 하지 말아라. 그리고 시주받고자 하는 인상을 주는 일까지도 절대로 하지 말아라. 그렇게 시주를 받으려고 하지 않는 것이 절을 위하고 중노릇을 제대로 하는 것이다."라고 말씀하셨다.

부처님 오신날은 절마다 등을 달고 불을 밝힌다. 연꽃등, 주름등, 비단등의 여러 가지 모양의 등불을 밝히고 크고 모양이 좋은 등을 켜는 신도는 시주금도 많이 낸다. 그렇게 하여 부처님 오신날 봉축 의식도 하고 사찰 재정에 도움도 받는다.

그런데 은사 스님께서 금화사 주지로 계실 때 부처님 오신날〈4월 초파일〉을 보았다. 은사 스님께서는 모두 하얀 팔모등만 만들라고 하셨다. 그때 원주 스님과 내가 "고운 연꽃등도 만들어 달고, 절 도량을 곱고 아름답게 장엄하는 등달기를 하면 좋겠습니다."라고 말씀드리자 은사 스님께서는 고개를 저으셨다.

"평등하지 못한 일이다. 같은 시주금 내고 누구는 하얀등 누구는 연꽃등을 달겠는가? 연꽃등을 만들어서 시주금을 더 받는다면 중이 공연히 시주돈을 더 받으려고 유도하는 것이 되고 승려는 번거롭게 돈에 마음 쓰게 되니 좋지 않다. 다같이 하얗고 깨끗한 등을 달지만 신도 스스로가 등공양금을 천 원을 내거나 만 원을 내거나 5만 원을 내거나 간에 잘 받아서 정성껏 축원을 드리고, 또한 대중을 위하여 잘 쓰면 되는 것이다. 그것이 부처님의 본래 뜻이 아니겠느냐?"

부처님 오신날이 되었다. 낮에는 온 도량에 하얀 종이등만 달려서 깨끗하고 순수함을 느끼게 했고 밤에는 노란 등불이 줄지어 달려 있어서 밝고 아름다웠다. 울긋불긋한 색깔이나 변화는 없어도 참으로 맑고 순수하고 따스함을 느꼈다.

은사 스님의 깊은 뜻을 헤아릴 수 있었다. 절을 찾은 불자들도 참으로 좋아라 하며 이런 백등만 다는 것이 이 절의 특징이며 주지 스님의 좋은 뜻이라 하였다.

십수 년이 지난 지금 다시 그때를 생각해 본다.

시주나 공양은 명목을 정하거나, 하도록 권유하는 것보다 불자 스스로가 순수한 삼보 공경의 마음에서 공양 올리고 기분 좋은 마음으로 스스로 시주하는 것이 참으로 좋다고 생각된다.

꿀벌이 꽃에서 꿀을 얻고 정받이를 해 주어서 꽃도 좋고, 벌도 좋듯이 시주를 하는 자와 받는 자 모두 마음이 맑고 편안하고 현실에도 도움이 되어야 한다.

불가에 삼륜 청정(三輪淸淨)이란 말이 있다. 보시(布施)할 때 보시하는 자, 보시받는 자, 보시하는 물건, 이 세 가지가 청정해야 한다는 말이다.

자살 미수

따뜻한 봄날, 법회를 마친 후에 울산의 어느 신도가 체험담을 들려주었다.

자식을 둘이나 낳고 별다른 문제없이 살던 남편이 다른 여인과 정이 들어 가정도, 부인도 돌보지 않았다. 그런 남편에게 사정도 하고 법적으로 대응하겠다는 경고도 하는 등 여러 가지 수단을 다 동원하여 마음과 정을 자기에게로 돌리려고 온갖 노력을 다했지만 두 해를 넘기도록 자신에게는 한 번도 오지 않았다고 한다.

"이 지지리도 복도 없는 년, 서방도 뺏기고 사는 바보는 이 세상 살 자격도 없어. 이 더러운 연놈들, 너네나 잘 먹고 잘 살아라. 나는 흉한 세상 너네들 꼴 보지 않는 저승으로 간다."

참다 참다 내린 결론이었다. 그러고는 독약을 사서 마시려고 하는 찰나에 나의 설법이 떠올라서 마시려던 독약을 그만 팽개쳤다고 한다.

설법은 이러했다.

어느 노스님이 심한 병고를 견디다 못해 '이 병든 몸 버리고 새로 좋은 아기 몸으로 다시 받아 태어나야겠다.'고 마음먹고 송곳으로 자신의 가슴을 찔러서 자살을 기도했다. 그러나 자신의 가슴을 깊이 찌르지도 못하고 실패하니 알고 있던 건장한 젊은이에게 자기를 찔러서 죽여 달라 했다.

그 젊은이는 살인을 할 수 없다고 했지만 "내 소원을 들어주는 것이지 살인이 아니라오." 하며 간청하여 그의 도움(?)을 받고 숨을 거두었다.

부처님께서는 자살을 원해서 사망한 승려에게 "참으로 어리석다. 그리고 죽음을 도와준 자도 어리석다. 진심으로 참회하라."고 하셨다.

그리고 늙은 승려는 자신이 병고를 받아 신음하도록 업과 원인을 지었으니 조금만 더 참고 견디었으면 그 인과와 업장이 다 소멸되고 자연히 사망하여 내생에는 전혀 고통이 없는 삶이 될 것이다.

그런데도 그 자신의 업장을 다 녹여 없애지 못하고 억지로 죽었으니 남은 고통이 영혼과 함께 따라가서 다음 생에도 고통을 당하게 되었다. 이를 두고 정업불멸(定業不滅:정해진 업은 피할 수 없다는 말이다.)이라 한다.

이 신도는 독약을 내던진 뒤로는 남편이 가정으로 돌아오기를 원하지도 기다리지도 않고 오직 부모님 모시고 자식 돌보며 가정 일에만 충실했다고 한다. 이렇게 남편을 체념하고 나니 오히려 기다릴 때보다 훨씬 편안하고 얼굴도 밝아졌다고 한다.

모든 애정과 애착을 놓아버렸다. 남편의 사랑도, 행복의 희망도 갖지 않았다.

독약을 던져버린 일이 있은 후 반 년쯤 지난 어느 날 남편이 찾아왔다.
"여보, 정말 미안하오. 내가 눈이 멀었었나 보오. 나를 꾸짖고 용서하오."
남편은 지난 날의 잘못을 뉘우치며 집으로 돌아와서 예전처럼 단란한 가정을 이루었다고 한다.
각자가 죄를 짓지 않아야 하고 어쩌다 지었더라도 사과와 보상을 성실하게 하고 참회를 진하게 깊이깊이 해야 한다. 어떤 어려움이나 고뇌가 있어도 삶의 고비요, 인생 성장의 마디라고 생각하고 참고 이해하며 여러 각도로 생각하면 고뇌를 잊을 길도 있다.
한 생각 돌리면 주변 환경이나 모든 사람이 스승이 되기도 한다.
자살을 기도한 여인은 모든 것을 자기 중심으로 집착하지 않고 마음을 놓아버림으로써 행복을 찾았던 것이다.

누구를 위한 학교일까?

　요즘 중·고등학생들은 보충수업을 정규 수업시간 외에 아침에도 하고 밤늦게까지 한다고 한다.
　학생들의 모든 일과가 교내생활과 등하교로 일관되고 있다.
　그렇지만 하루 종일 책상에 앉아서 강의를 듣고 책과 씨름한다고 그것이 모두 실력향상이 될 것인가. 그 많은 지식을 졸업 후에나 인생살이에 몇 퍼센트나 활용할 수 있을까. 냉철히 검토해야 할 문제이다.
　반수 가까운 학생이 하루 종일 하는 수업에 적응하지 못하고 딴 생각을 하거나 장난을 치거나 형식적으로 교실을 지키다가 학생들에게나 사회에서 억압된 불만 불평과 쌓인 욕구를 방과 후에 분출하는 것으로 생각된다.
　특히 가정에서 부모와 자녀가 대화할 시간이 없으며, 조부모나 부모형제가 인격적인 삶을 가르칠 시간도, 따뜻한 가족간의 정담을 나눌 시간도 없이 모든 시간을 학교에서 빼앗겨 버린다.
　인내력과 경험이 쌓이고 사리 판단력이 갖추어진 어른들도 하루 종일 피교육의 시간을 가지려고 하면 어려워하고 못 견딜 것이다.

그런데 사춘기의 청소년을 하루 종일 책상에 붙들어 두었으니 우등생은 적응을 잘하지만 그외 학생은 억지로 참아낼 것이다.

불만의 응어리를 안고, 가정과 사회에서 제대로 해소할 곳도 받아줄 사람도 없으니 맺힌 불만과 욕구가 터질 수밖에 없다. 오락실, 노래방, 학원폭력, 가출 등의 탈선으로 표출되는 것이다.

지금의 교육구조가 불량 학생을 만들고 있다고 해도 과언이 아니다.

참으로 이 나라 청소년을 인간답게 탈선 없이 기르려면, 개개인의 능력을 교과서 기준의 시험 점수로 매길 것이 아니라, 인성과 재능, 취미, 소질을 살릴 수 있는 기회를 부여하는 교육이 되어야 한다.

그렇게 되려면 우선 보충수업, 심야수업을 없애고 그 시간에 학교에서 자율학습을 하는 학생은 공부할 분위기를 맞추어 주고, 학교공부가 맞지 않는 학생은 스포츠, 원예, 예능, 공작 등 취미활동을 할 수 있게 하여 학교 밖에서나 가정에서나 일터에서 건전한 취미 활동 및 노동을 하도록 하며 이 활동 상황을 학부형이 매일 확인하여 학교에 제출하도록 한다.

그리고 학교에서도 교외 활동 상황을 가끔 확인 점검하는 등의 개개인의 인성, 소질과 취미를 살릴 수 있는 방법으로 연구·검토 후 시행되어야 청소년 범죄도 줄며, 나라의 일꾼도 제대로 기른다고 생각된다.

그런데 요즘 중·고등학교에서는 방학 때까지도 대부분 학생들을 등교시켜 교실에 가두어 놓는다. 심지어 우리 지역의 모 고등학교 교장은 방학 중에 학생들의 수련회와 취미서클 등의 교외 활동까지도 일체 금지시켰다고 한다.

이유는 이번 학기중에 인근 지역 모학교에서 학생 수련회에 가던 버스가 사고가 나서 학생이 다쳤으니 안전을 위하여 취한 조처라는 것이다. 모든 차가 사고 가능성이 있는데도 사람들이 모두 자동차를 타고 다니며 살고 있는 것은 어떻게 설명할 것인가?

학생을 위한 교육자인지 교육자 자신을 위한 교육자인지, 교육자를 위한 학교인지 교육책임자를 위한 학교인지 알 수가 없다. 교육의 책임자이며 지도자인 사람들이 무사안일주의에 빠져 있음을 지적하고 싶다.

학부모들도 학생을 무작정 학교에만 맡기고 학점이 높아지기만 기다린다면 문제 청소년은 더욱 많아질 것이다.

자녀가 학교공부와 아울러 예의 범절도 잘 알며 부모와 같이 가사나 취미 활동을 할 수 있는 기회를 가능한 자주 만들어서 스트레스를 해소시켜 주며 인내력과 자제력을 갖추어 각자 자기 개발을 할 수 있도록 가정에서나 학교에서 많은 관심을 가져야할 것이다.

닭장에 갇힌 자를 풀어 주자

　금년 추석 연휴에 울산의 한 고등학교에서는 학생들을 등교시켜 자율학습을 하도록 하였다.
　자율학습 감독 교사는 고향의 부모님 상봉과 조상님께 차례 모시는 것도 포기하게 되었다. 이는 자율이 아닌 규제와 감독으로 유도한 타율학습이었다고 생각된다.
　9월 21일 일요일 뉴스에는 1등을 못한 모여고의 김양이 '1등을 못해서 유감스럽다. 진학공부가 부담스럽다.'는 유언을 남기고 아파트에서 투신자살을 했다.
　또 경주에서 남녀 고교생이 동반자살을 했다. 그들의 유서에도 '공부와 성적이 부담스럽다. 그리고 같이 사랑을 할 수 없다.'는 뜻을 남겼다.
　이런 일들이 요즘 중·고등학생들이 겪고 있는 학교 성적에 대한 압박감과 대학 진학공부의 스트레스 및 공포감이 최악의 상황으로 드러난 것이다.
　자살한 학생은 대중매체에 보도되었지만 그 고귀한 생명, 소중한 자녀는 다시 살릴 수도 찾을 수도 없다.

대중매체에 드러나지 않은 대다수의 학생이 겪는 압박과 고통이 얼마나 클 것인가.

양계장의 닭은 좁디 좁은 닭장에 갇혀서 주는 사료를 먹고 주인이 원하는 계란을 낳는다. 암수의 사랑도 없이 알(계란)을 낳는다고 한다.

내 눈에는 요즘 중·고등학생들이 닭장 속에 갇힌 닭처럼 안쓰럽게 보인다. '학교' 라는 틀에 갇혀 꼼짝도 못하고 교사의 강의와 책 속의 문자를 야금야금 받아먹고 이해와 암기로 지면에 써내는 점수라는 알을 낳는다. 그 알은 오직 대학 진학에 쓰기 위함이다.

차라리 양계장 닭은 알이 크다 작다에 연연하지는 않지만 학교에 갇힌 학생들은 동료끼리 치열하게 다투는 신경전을 벌인다. 그러다가 낙오자는, 몸은 학교에 매이고 생각은 불만과 불안에 얽매인다.

이러다 보니 청소년 범죄, 비행, 폭력, 가출, 우울증, 신경쇠약 등등의 문제가 많이 발생한다.

오늘의 교육은 왜 대학에 가서만 전공을 이수하도록 하는가?

각자의 특기와 개성과 가정 여건 등은 모두 무시되고 문자적 교과 내용을 이해하고 기억하는 것만으로 우수성을 인정하고 있는가?

인간을 오직 그 점수 위주로 획일적으로 평가하고 획일적인 사고와 학습으로 성장시킨다.

이런 학생들이 학교를 졸업하고 산업현장에서, 국가의 요직에서 일한다 하더라도 융통성이 없으며, 어려운 난관을 이기는 인내력도 없을 것이다. 그리고 어려움을 이기려는 의지도 부족할 것이라 생각된다.

또한 개인적 이기심만 커져서 수단과 방법을 가리지 않고 자신의 안일함과 이익만을 추구하다가 직무를 포기하거나, 범죄를 저지르기도 한다.

이런 학생들에게 개인의 특기와 갖가지 적성을 헤아려서 적성과 재능에 맞게 학습하고 성장하도록 할 수는 없을까?

그렇게 되려면 교육의 제도와 교육자들의 의식과 부모의 생각이 바뀌어야 한다. 그 이전에 쉽고 가까운 것부터 개선할 수도 있다.

학교에서 기본의무로 정해진 수업(법정수업시간)만 하고 그 외는 각자의 예능, 스포츠, 봉사활동 등을 하게 하고 가정에서도 부모와 자녀 간에 대화의 시간을 늘려야 한다. 그리고 틈틈이 가사나 생활 주변의 노동을 할 수 있도록 지도해야 할 것이다. 이 방법은 실질적으로 많은 도움이 될 것이다.

우리 모두 깊이 생각하고 옳은 일이라면 과감히 실천하여서 닭장에 갇힌 청소년을 자유롭게 풀어주고 자신의 적성에 맞는 직업에 종사할 수 있는 인재가 되는 교육이 되었으면 한다.

극락문(極樂門)이 언제 열리는가요?

앞산의 연분홍 진달래 방실방실 웃고 뒷산의 나무들도 파릇파릇 새 봄단장이 한창이다.

봄볕의 따스함을 만끽하며 경을 읽고 있었다.

'나는 이와 같이 들었다. 어느 때 부처님께서 사위국 기원정사에서 큰 비구들 천이백오십 명과 함께 계셨다. 그때에 세존께서는……'

독경삼매를 깨는 이가 있었다.

"후~유! 마침 스님께서 계시네요."

아랫마을 계시는 김씨와 정씨 불자님이 오셨다.

"어서 오십시오, 보살님들."

"스님요, 우리는 같은 동에 살지만 절에 오기가 상당히 힘들어요. 걸어서 걸어서 오려니까 한 시간도 더 걸렸는가 싶어요."

"노보살님들이신데 차를 타고 오시지요."

"그냥 쉬엄쉬엄 왔지요."

"스님, 그런데 우리 둘 다 여든이 넘었어요. 속히 저승으로 가야 할 낀데 언제쯤 저승에 가겠는기요? 이러다가 아파서 자리에 눕기라도 하면 자식들 고생을 얼마나 많이 시킬낀고. 나도 물론 고생이구요!"

정씨 할머니의 말에 김씨 할머니가 웃으며 말했다.

"아이구 참! 친구도 별별 걱정을 다 하시네. 내사 마 이 좋은 세상 오래오래 살라요! 안방에서 온갖 영화 구경도 다하고, 서울 있는 자식들도 전화만 걸면 온갖 이바구 다하고, 먹는 기 부족하나 자식들이 졸라대나, 궁색한 게 하나도 없는기라. 이리도 좋은 세상에 죽기는 왜 죽노? 내는 백 살이 넘도록 살끼라. 그러면 더 좋은 호강도 받고, 더 좋은 세상이 될 것 아닌기요? 스님요, 내말이 맞지요?"

정씨 할머니가 웃으며 말했다.

"스님요, 나는 마아 꽃피는 봄날에 자는 잠에 고이고이 저승 가는 게 원입니다. 나무 아미타불. 스님요, 극락문이 언제 열리는가요? 극락문이 열릴 때 극락왕생하기가 소원입니다."

"노보살님, 걱정마십시오. 극락가는 길을 잘 알게 일러 드리겠습니다."

"그래요? 참 고맙기도 해라. 역시 우리 스님이 좋은 분입니더."

"노보살님, 속히 죽어서 저승 가야 되겠다는 생각을 하지 마십시오. 그리고 아프면 어떻게 하나, 자식들 고생시키면 어쩌나 하는 걱정도 하지 마세요. 그렇다고 정씨 할머니처럼 '오래오래 살아야 되겠다, 죽기는 억울하다.'는 생각도 하지 마십시오. 두 분 불자(佛子)님, 그러니까 어서 죽어야 한다는 생각도 오래 산다는 생각도 모두 버리세요."

"스님, 그러면 죽는 것도 사는 것도 모두 잊으면 어떻게 하란 말이요?"

"예. '어떻게 합니까?' 라는 생각도 잊어버리세요. 기어이 생각을 하신다면 '저승 갈 때가 되면 가겠지.', '갈 때 되면 자연히 가겠지.' 하고 텅빈 마음으로 편안히 지내십시오. 생(生)에도 사(死)에도 집착이 없으면 그 마음이 맑고 편안한 극락입니다. 그렇게 맑고 편안한 마음으로 운명하시면 그때가 극락문이 열리는 때이며 바로 왕생극락하는 것입니다."

"스님, 잘 알겠심더. 스님 말씀 믿고 아무 생각 말고 나무아미타불 염불이나 부지런히 할랍니더."

그렇다. 생(生)에도 사(死)에도 집착없고 가족과 재물에도 미련도 없이 청정하고 맑은 마음으로 살다가 죽음을 초연하고 담담하게 맞이하고 그 마음 흔들림 없이 숨을 거둔다면 곧 극락이요 열반이다.

죽음뿐만이 아니다. 현실의 생활 속에서도 돈 모아서 5년 이내에 내 집 마련해야겠다, 속히 진급하여 이사 되고 사장도 되어야겠다, 부지런히 공부하여 학점도 많이 따고 일류대학 가야지, 내년에는 내 마음에 드는 처녀와 꼭 결혼을 해야지…….

위와 같이 정당한 희망과 포부는 가져야 한다. 현실성 있는 목표 설정을 하고 목표 달성을 위해 정당한 방법으로 순리적 과정으로 꾸준히 노력을 해야 한다.

그러나 목표나 목적을 이루는 데 일이 잘 되지 않는다고 좌절하지도 말고, 잘 된다고 방심하지도 말 것이다. 내 집 마련이 3년 만에 되거나 5년, 6년 만에 되거나 간에 되어가는 만큼 순종하고 만족할 일이다.

학점이 50점이거나 70점이거나 순응하면서 차근차근히 노력을 해야 하고 그 결과와 결실이 크거나 작거나 순종하고 만족한다면 고뇌없이 편안할 것이다.

제2부 인생묘약

인생 가꾸기

혀끝에 방망이/귀신은 없었어요

스님, 사랑해요./이별의 손수건/정업탕(淨業湯) 이야기

장기판/수행자의 해수욕/나름대로 쓸모가 있어

마음부터 도량까지 말끔히

남탕 소동/식육(食肉)/쇠고기/묘약(妙藥)

출가 인연

소신(所信)과 원력(願力)

인생 가꾸기

　사람들의 살아가는 모습은 참으로 다양하다. 솔바람 향기에 시름을 잊고 계곡의 맑은 물에 속까지 시원함을 즐기는 사람도 있고 생산 현장에서 구슬땀으로 몸을 씻으며 보람을 캐는 사람도 있는가 하면 고통과 번뇌에 신음하는 사람도 있다.
　이런 삶의 길흉화복은 어디서 오며 어떻게 이루어질까?
　이 복과 운명은 태어나기 전에 생각하고 행동으로 지은 업(業)과 출생 시기(四柱), 장소, 가문, 외모 등 선천적인 것과 교육, 노력, 생각, 취업, 결혼, 신앙 등의 후천적인 것이 모두 작용하여 운명과 길흉화복이 되는 것이다.
　한 그루의 배나무를 예로 들어 보자. 좋은 배나무 품종을 맞는 토질에 심어서 거름 주고 병충해도 방지해 잘 가꾸어야 맛좋고 탐스러운 배가 열린다.
　반면에 배나무 종자가 아무리 좋아도 가꿀 밭이 나쁘고 기르는 사람의 정성도 없이 거름을 안 주면 배 또한 질이 떨어지게 된다.
　가령 온도, 습도, 영양이 잘 맞아서 배가 잘 자란다 해도 태풍을 맞으면 열매가 떨어지고 말 것이다.

인생도 운명도 이 배나무와 같은 것이다.

전생 업, 출생, 시기, 가문 등 선천적 요소는 이미 결정되었으므로 매달릴 것이 못된다.

사주를 아주 잘 분석한다 해도, 관상을 아무리 잘 본다 해도 이것이 운명을 좌우하는 데는 소수의 퍼센트에 지나지 않는다. 후천적 가꿈을 잘함으로써 편안하고 보람되게 살 수 있다. 정당한 사고와 판단력, 교육, 자기 단련, 극기, 노력, 인내심, 결혼, 취직 등이 후천적 가꿈이다.

또한 상기의 이치를 확신하고 생활에 실천하는 슬기로움이 인생을 선하고 원만하게 가꿀 수 있는 지름길이다.

이렇게 잘 가꾼 삶은 금생에도 행복하지만 내생의 좋은 씨앗이 되어 다음 생에도 잘 살게 되는 것이다.

인생을 가꿈에 있어 교훈(敎訓)과 양식(良識)이 있는데 우선 불교의 심전(心田)경작에 관한 말씀을 들어 보자.

어느 날 석가 세존이 음식을 얻는 탁발을 나가셨다.

그때에 한 농사짓는 바라문이 석가에게 충고했다.

"당신도 씨 뿌리고 가꾼 다음에 드십시오."

그러자 석가세존께서 대답하셨다.

"바라문이여, 나도 밭 갈고 씨뿌린 다음에 먹습니다. 나의 믿음은 종자요, 고행은 비요, 지혜는 멍에와 쟁기이며, 생각은 괭이자루요, 거기에 노력은 황소로서 안온의 경지에 실어다 줍니다."

현세를 사는 사람들은 물질적 이윤에는 심혈을 기울이고 잔꾀를

내는 등 온갖 수단을 동원하고 경쟁도 치열하다.

물질은 삶에 꼭 필요하지만 물질적 이윤만으로 보람과 행복이 보장될까? 마음 밭[心田]을 잘 가꾸어 정당한 사고(思考)로 마음 씀씀이가 바로 되어야 한다.

또한 심성이 크고 맑아서 대립보다는 이해를, 개인의 이익보다는 다같이 잘되는 지혜를 창출 실행하여 신뢰와 사랑이 있는 인격을 갖춘 삶이라야 진정으로 행복할 것이다.

마음 밭을 잘 가꾸는 데는 팔정도(八正道), 육바라밀(六度) 등 많은 덕목이 있지만 그 중에서 우선 부처님의 위대한 덕과 지혜를 생각하는 명호를 부르는 염불(念佛)의 힘에 대하여 밝혀 둔다.

어느 날 밀린다 왕이 나선 비구 스님께 물었다.

"스님이여, 상당히 죄를 지어도 지극한 정성과 간절한 마음으로 염불하면 극락에 간다 하고 또 다른 경에는 어쩌다 한 번만 살생을 하여도 지옥에 간다고 하니 이 두 가지 내용이 모순되어 불교를 믿지 못하겠소!"

스님은 왕에게 물었다.

"주먹 만한 크기의 돌을 깊은 바다에 던지면 뜰까요? 가라앉을까요?"

왕은 대답하였다.

"가라앉습니다."

스님은 다시 물었다.

"큰 수레에 실을 만큼 큰 바위를 그보다 더 큰배에 실어 바다에 띄우면 어떻게 될까요?"

"그건 물 위에 뜹니다."

그러자 스님이 말했다.

"염불도 큰 바위를 물 위에 띄우는 그 배와 같습니다."

왕은 고개를 끄떡이며 말했다.

"염불의 힘으로 죄도 괴로움도 이길 수 있으니 그 좋은 염불도 하고 불교도 착실히 믿겠습니다."

〈나선비구경〉에 나오는 말씀이다.

오직 한마음으로 염불하면 잡념 근심 녹이고 잘못된 죄나 업을 참회 소멸하며 현실의 행복과 안락이 될 것이다.

'믿음은 도(道)의 근원이며 모든 선근(善根)을 기르고 자비인욕은 인격을 갖추게 하여 질서 화합을 이룬다. 쉼없는 정진은 행복을 나르는 수레로다.'

혀끝에 방망이

　조선 말기. 정치도 경제도 어려운 시절이었다.
　경상남도 하동 땅에 정석이가 장가를 가는데, 섬진강 건너 광양 땅 처녀집으로 혼례식을 올리러 갔다.
　아버지도 상객(上客)으로 모시고 우인 몇 명이 동반하여 장가길을 떠났다.
　섬진강 강나루에 다다르니 그날따라 설한풍이 세차게 불어서 나룻배는 건너편 강변에 매였건만 뱃사공이 보이지 않았다. 험한 날씨 때문에 배를 띄우지 못한다는 것이었다. 눈바람은 쌩쌩 불고 발은 꽁꽁 어는데 함잡이는 무겁다고 끙끙댔다.
　그렇지만 나룻배가 없다고 혼례식을 포기할 수도 없었다.
　섬진강을 따라 상류로 걷다가 상류의 얕은 곳에서 징검다리를 건너 둘러 돌아서 마침내 광양 고을 신부댁에 다달았다.
　때는 이미 해가 서산에 뉘엿뉘엿 지고 있었다. 신부집에서는 해가 저물도록 새신랑이 오지 않으니 '신랑이 갑자기 병이 들었나? 강변길에서 강도라도 만났을까?' 하며 노심초사하고 있었다.

온 마을 사람이 모여서 혼례식을 기다리다가 지쳐서 쑥덕거리며 뿔뿔이 흩어지고 있었다.

새신랑 일행은 날씨 때문에 세 시간이면 걸어갈 거리를 돌아서 가느라고 하루 종일이 걸렸다. 신랑 일행이 지칠대로 지쳐서 힘없이 터벅터벅 신부집에 들어서자 일제히 환호성이 터져나왔다.

"어매, 신랑이 살기는 살았구먼……."

"이제라도 혼례식을 올려야지."

신랑은 춥고 배고프고 만사 귀찮아서 따뜻한 누울 자리만 생각났다. 그러나 이 날이 평생에 한 번이니 억지로 절하고 대충 예식을 마쳤다. 그리고 방에 들어가서 진수성찬의 저녁상을 받고 배를 채웠다. 시장기와 한기가 풀리고 나니 식곤증과 피로가 겹쳐 잠이 슬슬 오는데 신부 친척과 마을 사람들이 왁자지껄 달려들었다.

"야, 새신랑 한번 보자."

"지각 신랑 노래 한 곡 불러 보소."

"권주가(勸酒歌) 한 곡이라도 뽑아야 술맛이 나지."

여기저기서 신랑에게 한마디씩 하느라 시끌벅적했지만 새신랑 정석이는 방석 위에 앉아 벽에 기댄 채로 잠이 들고 말았다.

"새신랑이 뭐 저래. 벙어리인가?"

"아니야. 하루 종일 걸어오느라 지쳤대."

마을 사람들은 저마다 한마디씩 내뱉고는 실망한 얼굴로 모두 헤어졌다.

마침내 첫날밤 술상이 들어오고 병풍이 둘러쳐지고 신부가 들어왔다. 신랑도 잠에서 깨었다.

구경꾼이 문틈으로 보느라고 줄을 지어 섰다.
신부가 방 윗목에 다소곳이 돌아앉아 있는데 신랑이 퉁명스럽게 대뜸 "돌아앉아 봐!" 하니 신부가 금방 받아서 말했다.
"혀끝에 방망이를 달았구먼!"
그러자 신랑은 벌렁 누워서 자버렸다.
"뭐 저런 남자가 있어? 첫날밤도 모르는 바본가 별종인가. 허참 기가 막혀서!"
첫날밤에 신랑이 코를 드르렁 드르렁 골고 자고 있으니 신부는 혼자 중얼거리며 신방을 나가 버렸다.
날이 밝았다.
신랑은 깨어서 정신을 차렸다.
어젯밤에 너무 피곤해서 신부가 이 방에 왔는데 자고 갔는지 그냥 갔는지, 아직 신부 얼굴을 못 보았는데 과연 얼굴이 어떻게 생겼을까, 몸매는 어떠할까 궁금하였다.
첫날밤이 지나면 신부가 신랑의 세숫물을 방문 앞에다 떠다놓는다는 말이 언뜻 생각났다. 궁금해서 손가락에 침을 묻혀서 조심스레 창호지 문에 구멍을 뚫었다. 그리고 살며시 내다보니 때마침 예쁘장한 색시가 세숫물을 떠다 놓는 것이었다.
"오, 내 색시가 저 정도면 괜찮군."
신랑은 안도의 미소를 지었다.
그런데 이튿날 신랑은 정면으로 새색시 얼굴을 보게 되었다.
'아니, 이게 내 색시란 말인가?'
신부의 얼굴이 빡빡 얽어 있었던 것이다. 너무 심한 곰보였다.

그래도 그 곰보 색시가 시집와서 부부가 근면 성실히 노력하여 자수 성가하였다. 아들 딸도 여럿 두고 마을 사람들의 칭송을 들으며 다복하게 살았다고 한다.

요즘 신혼부부는 맞선보고, 대화하고, 데이트도 해보고, 그런 연후에 뜻을 결정하여 혼인하는데 왜 이혼율이 많을까?

상대를 이해하려는 자비심과 자신을 조절하는 인내심이 부족한 것이 아닐까?

자기의 욕망만 채우려는 이기심과 조금의 어려움도 참지 못하는 성장과정 때문일까?

그러나 마음에 다 맞고 어려움 없는 부부는 없는 법, 서로서로 단점을 보완해 주고, 장점을 항상 생각하면서 이해하고 사랑한다면 행복한 가정을 일굴 수 있을 것이다.

귀신은 없었어요

정토사에서는 매주 일요일마다 어린이 법회를 하고 해마다 여름방학, 겨울방학이 시작되면 3~4일씩 정토사 어린이 불교학교를 연다.

몇 년 전부터 실시하고 있는 여름불교학교는 독경, 참선, 108참회, 찬불가, 율동, 사찰의식, 바루공양, 물놀이, 성지 참배, 글쓰기, 성불놀이, 심성놀이, 전래놀이, 자연견학, 밭농사 가꾸기, 극기훈련 등 다양한 프로그램의 수련을 한다.

수련회에서 어린이들이 인상깊게 느끼는 프로그램 중의 하나가 우리 절에서 1km가 약간 못미쳐 공원묘지에서 실시되는 극기훈련이다.

절 앞에서 저학년과 고학년을 함께 조를 편성하여 1조에 3~4명씩 5분 간격으로 깜깜한 어둠 속으로 보낸다.

곧장 가면 안내자가 있어 지시대로 따르게 된다.

무서워서 출발 때부터 서로 손을 잡고 하나, 둘, 셋, 넷 구령을 붙이는 조도 있고, 조금 가다가 관세음보살, 석가모니불을 외치는 어린이들도 있다.

그러면서 공원묘지 중심부를 한바퀴 돌아 약 2km를 세 곳의 지시에 따라가는데 깜깜한 어둠 속 묘지나 나무들, 비석이 시커멓게 어름어름 보이기도 하여 어린이들에게 공포 분위기를 조성하기에 충분하다.

200여 명의 학생 중에서 3개조는 공원묘지를 가지 않고 산 속을 헤치고 절로 와 버리는가 하면 몇몇은 조금 가다가 무서워서 엉엉 울기도 하지만 대다수는 집결지에 모두 모여서 발원문과 염불을 하고 내려와서 모닥불 놀이를 한다.

그리고 맛있는 야식을 먹게 되면 언제 그런 무서운 일이 있었냐는 듯이 행복한 아기 부처님들이 된다.

마지막 시간에 실시하는 부모님께 편지쓰기와 회향식 때 각자 소감 발표를 한다.

"어둠 속에도 귀신은 없었어요. 공원묘지에 시체가 많이 묻혀 있지만 귀신은 나타나지 않는다는 것을 확인했어요."

"두렵지 않다는 생각과 부처님이 보호해 주신다는 생각을 하니 무섭지 않았어요."

이렇게 말하는 어린이들이 대다수인 것을 보면 공원묘지 극기훈련이 가장 인상 깊었음을 알 수 있었다. 이런 훈련을 통해 어린이는 담력과 독립심을 키울 수 있는 것이다.

밤에는 옥외 변소 가는 것뿐만 아니라 멀리 마을에 심부름까지 하기도 한다. 절에서 바루공양을 하고 난 후부터는 식사 때마다 합장은 물론 반찬 투정이나 편식, 음식 남기는 버릇 등이 고쳐졌다고 여름불교학교에 참석했던 어린이의 부모님들로부터 뒷이야기를 듣게 된다.

자칫 가정과 학교에서 소홀히 하기 쉬운 부분을 불교의 지혜로 인격 교육을 시킨다.

이러한 수련회를 통해 우리의 희망이요 내일의 일꾼이 될 인재 교육에 조금이나마 공헌했다는 보람을 느낀다. 준비와 운영이 힘 겹지만 그래도 해마다 열심히 해야겠다고 다짐해 본다.

스님, 사랑해요.

앞산 진달래가 고운 얼굴을 뽐내고 따뜻한 바람이 창을 넘어오는 봄날이다.

우리 절 어린이 회원이 부산에서 열리는 찬불가 경연대회에 출전하기 위하여 울산 시내 모회관에서 지도 교사와 연습을 했다.

나는 바쁜 일정이지만 지도 교사와 출연 어린이를 격려하고자 회관으로 갔다. 회관 건물 앞에 도착하니 맑고 생생한 노래가 들려왔다. 어린이들이 부르는 노랫소리였다.

굴러가네 굴러가네
법륜이 법륜이 굴러가네
집집마다 마을마다 굴러가네

잠시 후 어린이들이 내려와서 떠들썩하게 나를 반겼다.
"야아~, 우리 스님 오셨다!"
"반갑습니다. 힘들지요?"

내 말에 한 어린이가 갑자기 가슴에 매달려 안겼다.
"스님, 사랑해요. 반가워요!"
금방 내 볼에다 뽀뽀라도 할 기세였다.
울산의 최고 번화가인 주리원 백화점 맞은편의 보행로에서였다.
많은 시민들이 줄줄이 걷고 있었는데 이렇게 열렬(?)하고 귀여운 인사에, 지나가던 시민들이 발걸음을 멈추고 잠시 쳐다보기도 하고, 더러는 미소를 짓기도 했다.
"그래, 정말 반갑다. 다들 노래는 잘 할 자신 있지?"
얼결에 인사를 받았지만 초등학교 2학년인 어린이의 대담성에 놀랐고 잠시 멍하기까지 했다. 산중 사람으로 살아온 나에게 진하고 별난 인사가 순수히 받아들이기 부자연스러웠던 것이다. 현대사회와 어린이들과 나는 세대 차이가 크다는 것을 실감할 수밖에 없었다. 부모 사랑이 충만하고 가정교육도 신세대적인가 하는 생각도 들었다. 참으로 순수하고 천진하고 과감한 감정의 표현이요 행동이었다.

어린이는 천진한 부처님이요 어른의 스승이라고 하더니 나는 과연 이렇게 꾸밈없이 생각나는 대로 권위도 환경도 의식하지 않고 순수함을 그대로 표현하고 행동으로 옮길 수가 있을까?

현세의 사람들이 모자간, 부부간, 애인간, 스승 제자간, 친한 동료간에 거리감이나 꾸밈도 없이 자신의 뜻을 순진하게 털어놓고 대화하고 행동하며 사랑한다면 우리가 사는 사회와 가정이 참으로 밝고 따뜻해질 것이다. 이런 것이 진정 살아서 활동하는 자비보살행(慈悲菩薩行)이라 생각된다.

이별의 손수건

처음 주지로서 사찰 발전과 대중포교에 전념하고 있을 때의 일이다.

30대 초반의 주지였던 내게 용감하게 청혼을 한 여인이 있었다.

그와는 어쩌다 만나면서 대화가 된 것이 아니라 얼결에 청혼을 당했다고 해야 옳을 것이다. 어느 날 그가 예고없이 주지실로 방문하여 사랑하므로 결혼하자고 했다.

용모도 반듯하고 체격도 다부지게 생긴 20대 후반의 아가씨가 처음에 왔을 때는 자기 집은 어디며 성명, 학력, 경력 등을 대충 얘기하며 자기 소개를 하고 집안도 불교이며 어느 비구니 사찰에서 두어 달 가량 지내보았다며 이 절이 마음에 든다고 했다.

두 번째 와서는 극진히 인사하고는 '이 세상 남자는 믿을 만한 사람이 없다. 내가 경찰로 근무했는데 경찰서에 범죄로 잡혀 오는 사람 거의가 남자이다. 그러나 부처님 교훈을 받들어 행하고 도를 구하는 승려이니 믿을 수 있겠고 그 중에서 주지이니 살길도 있을 것이다. 그러니 결혼하면 좋겠다.'고 대담하게 청혼을 했다.

'스님께서 저의 뜻을 받아만 주신다면'이라고 말하는 그 어조가 사뭇 진지했다.

그러나 이 세상에는 별별 유형의 사람이 있고 갖가지 사기 사건과 함정도 있다.

또 승려를 시험하는 것인지, 일시적 감정인지 아니면, 사고 방식이 잘못되었는지 등을 생각했으나 하도 용기가 좋아서 교화하여 참다운 불자로 만들면 쓸 만한 인재가 되겠다는 생각에서 단번에 거절도 승낙도 아니했다.

그 뒤에는 차실에서 차 공양을 올린다고 정중히 말하기에 그와 약속한 장소에 가 차를 마시면서 나는 불교와 인생에 대하여, 그는 경찰직을 사임한 뒤로 잠시 몸이 아팠고 요즘은 피아노를 열심히 배운다면서 승려의 세계를 조금은 안다는 것에 대하여 얘기를 나누었다. 그러다가 갑자기 그가 아주 구체적으로 청혼을 했다.

"조계종 승려가 결혼하면 태고종이나 타 종단으로 옮겨서 승려 생활을 계속할 수 있다던데 스님께서도 저와 결혼하여 살면서 그렇게 하시면 어떨까요?"

그 뒤에도 몇 차례 차를 마시며 대화하자고 전화가 왔는데 나는 바쁘다는 구실로 거절했다.

얼마 후 그가 직접 찾아왔다.

"스님, 공부 열심히 하십시오."

그는 돌아가면서 작은 봉지에 든 선물을 두고 갔다.

가고 나서 열어보니 깔끔한 손수건이 접혀 있었고 거기에 편지 한 장이 있었다.

'스님, 죄송해요. 저는 스님이 어떤 분인지 대충은 알고 정중히 모시고자 진심으로 원했습니다. 하오나 스님은 남자보다는 스님다운 스님이었습니다. 저의 무례함을 용서하세요. 내내 안녕하세요.

○○○ 올림

자존심 때문인지 교양 때문인지 끝맺음도 분명했다.
뜻을 성취하려는 용기도 필요하지만 단념하고 포기하는 용기도 자신을 위하여 소중하다.
'마음을 열고 뜨겁게 만나지는 못했지만, 만남으로 생각하고 이별의 손수건을 주는구나! 그래, 어디 가더라도 현모양처가 되길 빈다.'
나는 진심으로 그의 행복을 빌었다.

정업탕(淨業湯) 이야기

은사스님께서 나에게 금화사 주지를 맡기셨을 때의 일이다.

그 무렵 절 맞은편에 대단위 주택공사 아파트가 건설되고 있었다. 울타리 바로 밑에 어느 분이 목욕탕을 짓는다며 지하실을 함부로 파서 우리 절 이층 요사채가 몇 군데 금이 갔다.

이런 여러 가지 일의 원인으로 목욕탕 공사는 중지되었고 현장에 물이 고여 저수지처럼 된 채로 일년이 넘게 방치되고 있었다.

그런데 그 옆에 또 목욕탕 허가가 나서 공사를 하고 있는데 우리 절 일부 신도들이 '사찰에 그을음과 먼지, 소음 등의 공해가 심하고, 우리 절 지하수가 줄어들 것이다. 중지시켜야 한다. 구청에 진정서를 내자.'는 등등의 항의를 하려고 서둘렀다. 그래서 내가 먼저 구청 담당자와 법률 전문가에게 알아보니 자기땅에 합법적 절차로 목욕탕을 짓는데 구청이 중지시킬 수는 없다고 했다.

그러나 다수의 주민이 민원을 제기하면 상황을 재검토할 수도 있다고 했다.

한평생의 생업 터전이 될 목욕탕 공사를 중지시켜 사업자를 망칠 수는 없었고, 싸움과 시비가 힘겹기도 하여 투쟁보다는 화해로써 서로 피해를 줄여야 되겠다고 생각했다.

내가 목욕탕 건축주를 만나서 물었다.

"우리 절 지하수가 줄어들 것이 예상되고 그을음, 분진, 소음 등의 공해로 법당과 절 전체에 피해가 우려됩니다. 그래서 신도들이 민원을 제기하려는데 제가 말려서 중지시켜 놓고 있습니다. 그러니 어떻게 하면 되겠습니까?"

목욕탕 주인은 곰곰히 생각하더니 진지하게 말했다.

"먼지, 그을음 등이 이웃에 피해가 갈 정도 되면 목욕탕 영업이 중지됩니다. 그러므로 철저히 방지하겠으며, 절에 지하수가 줄어들어서 사찰에 사용량이 부족하면 우리 지하수를 사찰에 드리겠습니다. 그리고 송수관 시설도 목욕탕에서 모두 책임지겠습니다."

모두 책임을 지겠다는 목욕탕 주인의 말을 듣고 나는 약정서라도 써야 할 것 같다는 생각이 들었다.

"그러면 말보다는 문서화 합시다."

그리하여 위의 사항 모두를 이행한다는 약정 각서를 받았다. 그리고 목욕탕 이름을 못 지었다 하여서 '정업탕(淨業湯)'이라 지어 주었다.

몸뚱이를 욕탕에서 물로 씻고 잘못된 말과 행동, 버릇이 업장이니 이 업장까지 모두 깨끗이 맑히는 것이 정업이라고 설명했다. 주인은 좋은 이름이라고 하면서 정업탕이라 정했다.

그 후 계속 절 앞에 정업탕이 있어서 절 법당에서 마음을 씻고 앞 목욕탕에서 몸을 씻으며 업을 씻게 되었다.

그 뒤에 여러 해 동안 절 피해도 없었다. 그리고 절 뒤에 조합 아파트 1동을 지으면서 입주할 조합원들이 건물명을 '금화맨션'이라고 하면 어떻겠느냐고 문의를 해서 흔쾌히 승낙했다.
금화사, 금화맨션, 정업탕이 모여 성지(聖地)가 되었다.
이런 일이 배타나 이기적 독단을 탈피하여 포용과 관용으로 서로 존중하며 공존하는 사고(思考)이며 의식이 아닐까.
현실 속의 자비행이 이런 것이라 생각된다.

장기판

 승가대학을 졸업하고 처음 부산의 ○○사에서 주지를 할 때의 일이다. 수계한 지 일년도 안되는 사미승*과 나이 서른이 넘은 행자가 같이 살았다.
 사미승은 부전(법당 의식이나 예불을 맡은 소임)이었다.
 공양주*가 부전 스님과 행자가 공부도 일도 팽개치고 장기를 자주 둔다고 귀뜸을 해주었다.
 나는 두 사람에게 '경전 공부와 불교 의식을 공부하여라. 자기 마음 닦는 공부를 해야지 장기 놀이는 하지 않는 게 좋다.'고 타일렀다.
 며칠 후 외출을 하고 돌아오니 절에 함께 사는 아이가 내게 달려왔다.
 "주지 스님, 오늘도 부전 스님과 행자님이 계속 장기놀이를 하셨어요."
 그 말에 나는 당장 장기판과 장기짝을 가져 오라 하여 아궁이에 넣고 소각해 버렸다.

이틀 후 부전 스님이 걸망을 지고 절을 떠나셨다.

'내가 너무 빈틈없고 깐깐한 꽁생원으로 보여서 같이 살 수 없겠다고 판단되어 가셨나?'

학창 시절에 나도 장기를 자주 두었다. 이웃에 사는 맞수끼리 승부에 집착하여 승패를 거듭하면서 밤늦게까지 두기도 했다.

그런데 잠자리에 누워서도 계속 장기판만 훤하게 떠오르고 잠이 오지 않았다.

'이렇게 두었으면 이길 것인데 저렇게 두었으면 꼭 이길 것인데……'

온 머리에 장기만 꽉 차 있는 것이었다.

그 후로 절대로 장기, 바둑, 화투 놀이를 하지 않는다. 거기에다 술, 담배까지 못하니 친하게 지내는 벗이나 자주 만나는 사람은 적다. 하지만 그 틈에 공부나 일을 해야 속이 시원하고 그래야 후회도 없는 것 같다.

백장 선사의 청규에 '하루 일하지 않으면 하루 먹지 말라.(一日不作 一日不食)'는 말씀을 읽기 전부터 나는 그렇게 하고 있었던 것이다.

＊사미승: 미성년 승려. 또는 성년이라도 구족계(비구계)를 받지 않은 남자 승려로서 10계를 받아 지킨다.

＊공양주(供養主): 절에서 공양간 일을 하고 부처님께 마지(밥·찬)를 올리는 직책.

수행자의 해수욕

특별 정진에 외식 공양(外食供養)하는 날의 일이다.
아침 공양 직후에 간식과 음료수를 준비하여 전세버스에 선방 스님 전원이 승차했다.
경부고속도로를 달리던 버스는 부산을 거쳐 송정해수욕장에 10시쯤 도착했다.
예약한 식당 집에서 수영복으로 갈아입고 까까머리에 육체미를 한껏 드러내며 해변 백사장으로 가려는데 선원장 스님께서 내 약한 체구를 보고 웃으며 한마디 하신다.
"다이어트인지, 다이나마이트인지 하는 사람들이 스님을 보면 선망의 눈빛으로 너무너무 부러워하겠다. 그치?"
모두들 백사장을 거쳐 드넓은 바다, 시원한 바람을 맞이하여 가슴으로 바닷바람을 마음껏 들이마셨다.
"야! 시원하다."
"늘씬늘씬한 몸매에 오목볼록한 곡선미를 실컷 보고 마음 구석의 허기를 채우려 했는데 사람들이 얼마 안 되잖아. 오늘 수확은

흥작이겠어."라고 말하는 스님들을 보니 스님 이전에 그들도 한 인간으로서의 자연스러움을 느꼈다.

　물이 차가워서 잠시 물에 들어갔다가 한참을 모래사장에서 보내며 축구를 하고 식당에서 점심을 먹게 되었다.

　이 마을의 신선하고 맛깔스런 반찬에 음료수와 수박까지 실컷 먹고는 서투른 가락, 어설픈 리듬으로 각자 작사, 작곡, 편곡까지 해 가며 한 곡조씩 부르는데, 제 나름대로 멋진 가락이었다. 속세를 떠난 생활이 오래된 탓인지 어릴 때 추억을 되씹는 노래로 억지로 흥을 돋우는 모습이 어색하기도 했으나 그 중 몇몇 스님은 세련되고 유창하게 노래를 하기도 했다.

　모처럼 제한된 공간과 짜여진 생활의 리듬을 깨고 흥미롭고 서로를 더욱 친밀하게 느낄 수 있는 시간이었다.

　오후의 해수욕장은 인파 밀도가 높고 잔잔한 파도가 일면서 바닷물은 수많은 알몸을 감싸고 더위와 피로를 식히며 삶의 애환을 녹여 준다고 나의 귓전에서 속삭였다.

　푸른 창공에 구름 한 점의 저항도 받지 않고 쏟아지는 햇살이 뜨거운 열정으로 내 몸을 계속 쬐어 주었다. 먹빛 승복 속에 숨겨졌던 내 살결이 불그스레 고와진다.

　망망대해를 달려온 바람결이 가슴 속까지 시원하게 살짝살짝 만져주었다. 모래 알갱이가 환히 보이도록 맑은 바닷물이 넘실넘실 춤을 추며 시원스런 쾌감으로 나를 감싸서 사뿐히 띄웠다.

　어릴 때 익힌 수영 실력으로 망망한 수평선으로 휘저어 가는데 얼마 못 가서 해양 경찰관의 호각 소리에 받혀 되돌아왔다.

대중은 오후에도 뜨거운 모래를 밟으며 한바탕 공차기를 하는데 승부욕보다는 발바닥이 뜨거워 안 뛸 수가 없고 땀과 모래로 범벅이 된 몸뚱이는 바닷물을 외면할 수가 없었다.

체력 보강과 호연지기를 기른 한때였다.

빈틈없는 수행 정진의 일과와 대중 생활 속에서 쌓인 앙금을 모두 다 시원히 씻어서 더 맑고 새로운 심신으로 정진하기 위한 좋은 수련이었다.

진한 푸르름 무한한 사랑의 바다
헤일 수 없이 많은 모래알
검고 붉은 쾌감의 빛살을 쏟아 붓는 태양
순간순간 가슴을 상쾌하게
문지르며 애교와 잔재주를 부리는 바람
이 모두를 힘껏 껴안고 실컷 안기어 본다.

땀방울 쾌감 물장구의 희롱에
어울려 뛰고 뒹굴고 춤추며
너도나도 오늘을 즐긴다.

물살과 햇살과 더불어
고뇌도 정열도
사랑도 미움도 모두 녹여서
인생을 담금질한다.

승도 속도 신선도 사람도
모두 짓밟고
대자연을 한껏 한껏 마신다.

-1996. 7. 29 . 부산 송정에서

나름대로 쓸모가 있어

 단옷날이라 선방 대중 모두가 산행하는 날이다.
 나는 어제부터 원주스님과 입승스님의 부탁으로 대중 목욕실에 분수기(샤워 장치)를 설치하기로 했다.
 등반에 자신 없고 힘들다 하는 두 분 스님의 도움을 받아 배관재료(XL파이프, T관, 분수기 등)를 사 와 열심히 설치 작업을 한 결과 오전에 4개, 오후에 2개를 설치했다.
 험준한 산에 올라가는 등산을 싫어하지는 않지만 한나절 이상 올라가는 등산을 하기에는 체력상 무리라고 생각하면서 같이 못 가더라도 대중 스님들을 위하여 더운 날 시원하게 냉수욕을 할 수 있게 분수기 설치를 한 것이다.
 등산, 운동을 잘하는 대다수 스님들과 같이 운동은 못해도 보일러나 운동기구가 고장이 났을 때 내가 나서서 고쳐 주기도 한다. 그런 일을 하는 동안 새삼 스스로를 되돌아 본다.
 나무는 곧게 자라는 것이 좋지만 굽은 나무도 역시 쓸모가 있어 곧은 나무가 못하는 역할을 하듯이 대자연의 일부로 순응함에 기쁨도 있다.

　곧으면 곧은 대로, 굽으면 굽은 대로, 강하면 강한 대로, 약하면 약한 대로, 급하면 급한 대로, 유순하면 유순한 대로 장단점도 있고 적재적소가 있는 법이다.

　누구나 자신을 알고 현실을 알아 자타를 위한다면 할 일도 보람도 찬사도 함께 한다.

마음부터 도량까지 말끔히

아침 공양이 끝날 무렵이었다.
"한 말씀 드리겠습니다. 오늘은 도량의 풀을 뽑고 대청소 운력(運力)을 하겠습니다. 7시 50분까지 모이십시오."
입승 스님의 말씀에 대중은 아무런 이의 제기도 질문도 없이 조용했다.
그리고 7시 40분쯤 대중은 정수보각(휴게실, 다실) 앞에 집결했고 장갑, 낫, 호미, 괭이, 엔진 달린 낫(예초기) 등이 준비되었다.
호미로 풀 매고, 언덕에는 낫으로 베고, 대밭 주변까지 나온 대나무는 톱으로 베고 풀이 많은 곳은 예초기로 베었다. 30명의 스님이 2시간에 걸쳐서 열심히 도량을 말끔히 정비하였다.
참선방 안에서는 마음을 깨끗이, 오늘은 선방 밖의 주변 환경을 깨끗이 하였다.
〈천수경〉*의 도량찬(道場贊)이 새로운 감회로 저절로 읊어진다.

온 도량이 깨끗하여 더러운 것 전혀 없고

삼보님과 천룡들이 이 도량에 오시도다
내 이제 묘한 진언 지송하오니
자비감로 베푸시어 저희들을 살펴이다.
道場淸淨 無瑕穢 三寶天龍 降此地
我今持誦 妙眞言 願賜慈悲 密加護

청소 운력(運力)
뜰 앞에 잡초 뽑으며 번뇌의 잡념을 뽑아 내고
도량에 무성초를 베면서
번거로운 인연들을 잘라 내고 이렇게
대중이 합심 노력한 결과
온 도량의 구석구석까지 말끔하다.

흘린 땀 씻으며 몸까지 깨끗이
마음부터 몸으로 도량까지
말끔히 가꾸는 날
자신의 진면목을 맑히는 날

*〈천수경(千手經)〉: 기도, 의식 때와 평소에 자주 읽는 경전. 부처님에 대한 발원, 탄찬, 예경, 가호주문, 참회, 서원 등 불교의 개론서라 할 만큼 불교의 많은 뜻이 함축되어 있다. 본래 '천수천안관자재보살광대원만무애대비심대다라니경'인데 줄여서 〈천수경〉이라 한다.

남탕 소동

30세 되던 해 봄, 부산 구서동 ○○사에서 은사 스님을 모시고 부전(扶殿)* 소임을 맡고 있을 때이다.

원주(院主)* 스님과 함께 절 근처의 목욕탕에 목욕을 하러 갔다. 원주 스님은 연세나 승랍이 나보다 선배로서 체격도 남자답게 듬직했다.

원주 스님이 목욕탕 계산 창구에 돈을 내고 둘이 같이 남탕을 향하여 걸어가는데 주인이 갑자기 큰 소리로 외쳤다.

"스님! 거긴 남탕입니다. 남탕! 남자 목욕탕입니다!"

나는 '남승(男僧)이 남탕 가는데 왜 저러나?'라고 생각하면서 그대로 남탕으로 들어갔다. 원주 스님께서 남자 스님이라고 하시며 당황하는 주인을 안심시켰다.

"스님, 그게 정말입니까? 정말 죄송합니다."

목욕탕 주인이 거듭 사과했다.

나는 체구가 연약할 뿐만 아니라 곱상한 얼굴에 수염도 적게 났고, 머리는 빡빡 깎은 데다가 승복과 하얀 고무신은 남녀의 구별이 없었다.

목욕탕 남자 주인은 나를 여자로 볼 수밖에 없었나 보다.

얼마 후 남자 주인이 남탕 안에 들어와서 내 알몸을 유심히 보고 남자임을 다시 한번 확인이라도 하는 듯 하다가 웃으며 내게 사과했다.

"스님, 죄송합니다."

그 시절에 내 체격은 약했지만, 얼굴은 곱상스러웠다. 그래서 나이도 훨씬 어리게 보였다. 이처럼 비구니(여승)로 오인 받은 적이 여러 차례 있었다.

세월도 마음도 얼굴도 모두 변하는 불변의 법칙에 순응하면서 그 때를 회상해 본다.

* 부전(扶殿) : 법당의식과 예불을 맡은 소임자.
* 원주(院主) : 대중들의 식사와 거주 등 사찰 내부살림을 도맡은 소임자.

식육(食肉)

울산 문수산 자락에 문수보살과 보현보살이 출현하셨다가 간곳 없이 사라졌다는 곳에 천년 지난 지금까지 무거(無去)라는 마을이 있다.

이 마을 뒤편 절에 살 때의 일이다.

연세가 나보다 몇 살 더 많은 사미승과 같이 초상집에서 염불 독경을 마친 후이다. 점심때가 되어 상주가 밥상을 가져와서 권했다.

'부처님, 감사히 먹겠습니다.'는 합장기도를 올린 후에 수저를 들었다.

그런데 그 사미승은 밥 한 술 뜨고 바로 빨갛고 싱싱하게 보이는 육고기 회에 젓가락이 갔다. 나는 얼른 그의 손을 잡고 고개를 좌우로 저었다. 그 스님은 몹시 당황한 눈빛으로 나를 보더니 다른 반찬을 드셨다. 식물성만 드시도록 내가 유도했다.

염불을 마치고 오는 길에 그 스님이 물었다.

"주지 스님, 오늘 제가 실수한 것입니까? 요즘 스님들 고기 잡수시는 분도 있던데요."

"미안합니다. 스님. 맛있게 드실 것을 저지해서 죄송해요. 스님, 저는 염불 기도하는 의식 때는 절대로 고기를 먹지 않습니다. 저하고 사시는 동안은 이 점은 지켜 주시는 것이 좋겠습니다. 그 후로도 지키는 것이 더 좋고요."

"저는 속가에서 먹던 습관이 있어서……."

스님이 말꼬리를 흐리자 내가 말했다.

"부처님의 생애를 엮은 〈팔상록〉에 보니까 부처님의 제자이고 사촌인 데바닷타(제바달다)가 부처님을 반역하고 많은 승려에게 자신을 따르라 하면서 자신과 수행하면 고기를 절대로 먹지 않는다고 외쳤습니다. 그 말에 대하여 부처님께서는 첫째, '내가 잡은 고기를 잡아서 먹지 말라. 둘째, 나를 위하여 잡은 고기를 먹지 말라. 셋째, 죽은 지 삼일이 지난 고기를 먹지 말라. 그 외의 고기는 먹을 수도 있다.' 라고 하셨습니다.

선배 스님 말씀으로는 '고기를 자주 먹으면 간접 살생이고 피가 흐려서 건강과 공부하는 데 좋지 않다. 그러나 건강에 꼭 필요하면 약으로 먹어야 된다.' 라고 했지요.

그리고 요즘 외국 왕래가 빈번하여 외국 불교계를 보면 중국(본토 및 대만) 스님들은 육식을 철저히 금하고 남방 근본 불교 지역(인도, 스리랑카, 태국, 미얀마 등)과 일본의 스님들은 육고기나 생선이나 모두 식품으로 생각하여 가리지 않고 먹고 있습니다."

어느 날 몇몇 신도와 회의가 있어 식당에서 식사를 하게 되었다. 모두 우거짓국에 밥으로 주문했는데 거기에 멸치도 들고 육수도 약간 들었다고 했지만 나는 가리지 않고 먹었다. 물론 그 자리는 불교와 포교를 이야기하는 모임이지만 나 하나를 위하여 다시 식사를 마련한다든지 먹지 않고 굶고 앉아 있으면 개인 위주요, 전체를 무시하는 것이라는 생각과 또한 동사섭(同事攝)* 행을 한다는 생각에 거리낌없이 먹었다.

화엄경의 보현행원품에도 중생을 따라 행하는 것이 보살의 행원이라 했다.

---

* 동사섭(同事攝) : 대중과 같이 행동하고 다수의 뜻과 행동을 받아들이고 같이하는 수행(사악하지 않은 일에 한함).

쇠고기

 푸르른 낙동강을 내려다 보며 강변을 굽이굽이 감돌아 간다. 신도들과 동승하여 볼일이 있어 가던 중이다. 바깥 경치만 바라보고 있어도 좋았지만 신도들과 뭐 재미난 이야기가 없을까 하는 생각을 하다가 문득 수수께끼가 떠올랐다.
 "이 세상에 살아서 보다 죽어서 훨씬 더 이름을 드날리고 세상에서 그 이름이 가장 많이 불려지는 것이 무엇입니까?"
 "사람 중에서 말입니까?"
 "사람이나 짐승, 물고기 다 포함해서 말입니다."
 "장군."
 "교육자."
 "골동품."
 "……"
 다들 명쾌한 답을 하지 못해서 내가 답했다.
 "소입니다. 살아서는 소라 하지만 죽어서는 그 이름이 분파가 많이 나누어져서 불고기, 곰탕, 전골, 곱창 등등으로 나뉘고 시내

골목마다 쇠고기집 간판이 자주 보입니다. 울산의 봉계, 언양을 위시한 몇 지역에는 집집마다 쇠고기(○○ 구이, 소갈비, 횟간…)의 간판이니 소가 최고로 유명하지요."
　소 말이 나왔으니 소 찬양이나 해 볼까.

쇠고기 먹으며 소의 생사 살펴보았소?
더위 추위 후대 냉대 가리지 않고
주는 대로 먹고 묵묵히 일만 한다.

코를 뚫려서 고삐에 매여서
가나오나 항거 없는 순종으로
전생의 업보이냐 조상의 유훈이냐

듬직한 몸매에 거친 풀 채우고서
농부의 매질도 돌이의 희롱도
엄마의 찬사도 묵묵히 받고

힘드는 밭갈이로 고통의 출산으로
주인 살림 늘려 주고
마지막 작별에도 거금을 더해 준다.

죽어서는 만인의 먹거리
식품(食品)의 으뜸

온 몸을 남김없이 나눠 주며
곳곳에 이름 떨치네
그 이름 바라고 살고 죽는 것은 아닐세.

묘약(妙藥)

누구나 몸이 아프거나 마음이 아플 때가 있다. 이 고통을 어떻게 면할까?

병마다 약도 있고 치료법도 있지만 쉽게 완쾌되지 않는 병도 있다. 의사나 약사가 조제하는 약이 아니면서 특효가 있는 묘한 약이 있다.

십수 년을 향토예비군 법사(鄕軍宗)로서 예비군 정신교육 강사로서 강의도 하고 군부대에 여러 사람을 동원하여 위문하거나 필요한 물품으로 돕기도 했다. 또는 선방이나 강원에 공부하는 향군 종스님을 대신하여 그 스님의 의무 시간까지 강의해 주기도 했다.

그러다가 현역 군부대 정신교육 강사로 가끔씩 강의하게 되었는데 국군부산병원 군인들에게 5년 동안 거의 매월 한두 차례씩 설법을 했다.

병원내 강당에서도, 병원 내에 묘광사 법당에서도 했다.

그 중 한 토막을 소개해 본다.

"국방의 의무를 수행 중에 병고를 얻어 고통스럽지요? 국가와 민족과 우리 부모 형제와 나 자신을 지키기 위해 용기와 희망을 갖고 치료하세요.

여러분, 의사의 치료와 병을 자신이 이겨야 하고 이기려면 병을 잊어야 합니다. 병을 잊어버리는 것이 가장 좋은 약입니다. 병을 잊고 병을 고친 소승의 체험이 있어요. 소승은 여러 해 전부터 소화가 잘 안 되고 음식물을 먹으면 조금만 속에 맞지 않아도 배가 아팠어요. 특히 김치, 사과, 질긴 반찬 등은 먹고 나서 곧장 다시 입으로 넘어오기도 하면서 속이 답답하고 체중이 줄어들었습니다.

병원에서 혈액, 대소변 검사, X-레이 촬영 등등의 종합검사까지 했습니다. 의사 선생님은 '스님은 아무 병이 없어요. 다만 신경성 위장병입니다. 잘 잡수시고 운동도 적당히 하시면 건강할 것입니다.' 라고 말했습니다.

'선생님, 신경성이라니요? 제가 장사나 사업을 합니까? 처자 권속을 거느립니까? 부하 직원이 있습니까? 신경 쓸 일이 없는데요.' 하며 반문을 하기도 했습니다. 그리고 양약, 한약, 식이요법 등 좋다는 여러 가지 치료를 해도 효과를 보지 못했습니다. 수년을 그러다 보니 일을 하다가도 공부하던 중에도 '어떻게 치료해서 건강해지나? 무슨 약이 좋을까?' 하는 생각이 순간순간 지나가고 때로는 잠깐씩 멍청해지기도 했습니다.

이렇게 몇해 지나면서 수행에도 일에도 전념하지 못하고 투병하면서 마음까지 약해져서 음식도 마음대로 먹지 못하고 활동도 뜻대로 못하니 차라리 죽어버리는 것이 좋지 않을까 하는 극단적인 생각까지 했습니다.

'어떻게 자살을 할까, 병이 완쾌되지 않으려면 많이 아파서 빨리 죽든지' 하는 등의 갈등과 고심에 헤매었습니다.

부모님과 은사님께 너무 큰 죄를 짓는다는 생각이 자살을 막는 데 크게 작용했습니다.

그러다가 어느 날 '최선의 투쟁을 해 보자. 생사(生死)는 부처님께 맡기자.' 는 생각으로 통도사 강원(승가대학)에 입학을 원했다. 그 당시 담당 스님들께서 내게 몸은 약하지만 공부한다는데 받아 주어야 한다며 입학을 승낙해 주셨습니다. 그래서 지금까지 그 은혜에 감사를 드립니다.

그때 강원 사미반에 입학하니 큰방 부전(副殿)이라는 소임을 맡겼습니다. 큰방 부전의 할 일은 큰절 전체 스님께서 공양하시는 식당 방이며, 사미반·사집반 스님의 강의실이요, 사미·사집 두 반 스님의 침실이며, 대중 회의실 등 다목적으로 쓰이는 당시 통도사에서 가장 큰방인 감로당(甘露堂) 담당 시자입니다.

감로당에서 일이 있을 때마다 사전 준비와 사후 정리 정돈 청소를 해야 하는 것입니다. 공양 때면 방석 준비, 물 준비를 하고, 공양 후에는 청소하기, 강의 시간엔 강단 준비, 차담·간식 시간에는 차담(떡·과일·과자 등)을 가져오고, 먹고 나면 설거지하기, 취침 전 문단속, 건조하면 물 떠놓기, 예불, 수강, 예습, 복습 등 이렇게 눈코 뜰새없이 바쁘게 지내다 보니 정작 내 개인을 돌아볼 시간이 잠시도 없었습니다.

자신의 신상을 생각할 틈이 전혀 없었지요. 너무 꽉꽉 짜여진 일과로 코피가 쏟아지기도 하고, 몸살을 앓기도 하면서 간신히 버티고 지냈습니다.

그러다 보니 어쩌다가 간단한 소화제나 몸살 치료제를 먹은 적은 있었지만 그렇게 정신없이 바쁘게 6개월을 지내고 보니 언제부터인지 모르게 내 병을 어떻게 고치나? 무슨 약으로 치료해야 되나?' 하는 고뇌가 없어지더군요.

식생활과 단체 생활에 자신감이 생기고 건강도 완전할 수 있다는 믿음과 자신감이 생겼습니다. 그래서 의사의 진단에 신경성 위장병이라는 말씀이 이해되어 수긍했습니다.

장병 여러분, 그 후에는 체력이 좀 약하고 음식을 함부로 많이 먹지는 못해도 건강 관리에 집착하지 않고 수행과 포교에 꾸준히 정진하며 제 할 일을 하고 있습니다.

병을 잊어버리는 것, 병을 생각하지 않는 것이 최고, 최상의 묘약입니다.

이런 체험으로 '병은 마음에서 나는 것'이란 말씀과 '마음을 일으키면 가지가지 법이 생기고 마음을 멸하면 가지가지 법이 멸한다.(심생즉종종법생 심멸즉종종법멸 : 心生卽種種法生 心滅卽種種法滅)'는 말씀의 뜻이 조금은 이해가 되었습니다.

장병 여러분, 팔다리가 부러졌거나 금방 피가 흐른다면 필요한 처치와 치료를 하고 통증에는 필요한 약물요법을 해야 되겠습니다. 병은 육체의 병뿐만 아니라 돈벌이의 병, 억울하게 돈을 못받게 되었다, 사랑의 배신을 당했다, 또한 명예욕과 가족에 대한 불만, 직장의 선배나 동료에 대한 불평 등등 정신적인 병이 한없이 많습니다. 이런 모든 고민과 고통은 '잊어야지. 생각하지 말자.' 라고 생각해도 잊혀지지 않고 더더욱 생각이 납니다.

이 고민과 병을 잊어버리는 비결(방법)이 있습니다.

첫째, 하는 일(주어진 직무, 또한 할 수 있는 일)을 평소보다 2배로 열심히 한다.

둘째, 신앙정진(염불 기도, 독경 예배 등)이나 건전한 취미 활동을 열심히 한다.

셋째, 가족 동료 이웃에 헌신적으로 봉사한다.

이 세 가지를 실행할 때 병을 잊고 편안해집니다. 하지만 통증이 심하거나, 미미하거나, 나을 수 있다는 확신을 가지세요.

〈법화경〉의 〈관세음보살보문품〉에 '관음의 묘한 지혜와 힘이 세간의 고통을 능히 구한다.'고 했습니다. 만인의 병고를 고치고 천수천안(千手千眼)으로 중생을 살피시는 부처님이시니 부처님 위신력으로 고쳐 주신다는 믿음과 오직 생각하는 일념으로 염불하고 기도하세요. 그리고 부처님의 크신 지혜와 자비를 받들어 행하겠다는 큰 원(願)으로 정진하면 병을 잊을 수 있어서 육체의 병이나 정신적 병 모두 속히 쾌유할 것입니다.

〈화엄경〉의 중요 구절에 '법계의 성품은 모두가 마음이 짓는다(응관법계성 일체유심조 : 應觀法界性 一切唯心造).'라고 하는 뜻과도 일부 맞는 것입니다.

나의 건강을 지키는 의지는, 건강을 생각하지 않는 것이 건강을 지키는 것입니다.

출가 인연

사별(死別)

초등학생 때이다.

어머니께서 몸이 불편하시어 자리에 누워서 고생하시는 날이 자주 있었다.

그러나 나보다 8살이 위인 누님이 계셔서 밥짓고 빨래하고 가정일과 농사일까지 하셨다. 어머니께서 고통스러워하시는 것을 보면서 안타까움은 많았지만 집안일 때문에 어려움은 크지 않았다.

그러다가 내가 초등학교 4학년이던 해 겨울에 누님께서는 시집을 가셨다.

그 후로는 어머니께서 몸져 병환으로 누우시거나 또는 시장 보러 가시거나 하루 종일 멀리 출타하시면 내가 식구들의 밥을 지었다. 5학년이 된 남학생이 우물에 물 길러 가고 밥하고 하면, 마을 사람들이 까닭을 물어 보기도 하고 의아한 시선으로 보기도 했다. 그러나 나는 아버지, 어머니와 세 동생을 위하여 부엌일도 자주하게 되었다.

그 시절 나는 '사람은 왜 자주 아파서 고통을 당하는가? 아프지 않고 건강하게 살 수는 없는가? 엄마는 늘 그렇게 아파야만 하는가?' 하는 생각을 골똘히 하게 되었다. 그리고 딸보다 아들이 좋다는 것도 절실히 느꼈다.

누님이 시집가시니 이별도 슬프고 거기에다 내가 밥짓고 빨래하고 가족 시중까지 들어야 하니까 속상할 때도 있었다.

'누님이 딸이 아닌 아들이었으면 형수가 와서 우리와 같이 살고 일도 해줄 것이 아닌가?'

그 무렵 새 형수를 맞이한 내 친구가 참 부러웠다.

우리 큰어머니께서는 나를 보면 "우리 현수를 어서 키워 장가보내서 좋은 며느리(姪婦)를 봐야겠는데." 라고 종종 말씀하셨다.

그러나 내가 상급학교를 다니면서도 가끔 누님댁에 갔었다. 그럴 때마다 누님이 아껴주시고 잘해 주시는 사랑은 여전히 받았다. 그런데 내가 21살 되던 해 겨울에 갑자기 쓰러지셨다는 소식을 떡방앗간에서 떡을 하는 도중에 들었다.

나는 떡도 일도 모두 팽개치고 달려갔다.

위독한 누님을 택시를 불러서 자형과 함께 진주에 있는 병원에 모시고 갔다.

하동 양보에서 진주까지 비포장 도로를 달려서 근 두 시간 만에 진주에 도착하니 밤이었다.

그래서 부랴부랴 시내 병원을 찾아가니 응급실이 없다고 다른 병원으로 가라 하고 또 다른 병원에서는 초저녁인데도 의사 선생님이 안 계신다고 하였다.

이렇게 환자를 싣고 돌다가 네 번째 간 병원에서 응급진찰을 하신 의사 선생님이 회생이 불가능하다고 했다.

이날 오전에 사소한 언쟁 끝에 누님이 갑자기 쓰러지셨는데, 살아날 수가 없다니 눈앞이 캄캄하고 말문이 막혔다.

'너무나 젊은 나이에 죽어야 하다니! 나를 그렇게도 아껴 주시고 사랑해 주셨는데, 이럴 수가 있단 말인가!'

같이 가신 자형은 통곡을 하셨다. 그리고 다시 누님을 댁으로 모시고 오려는데 소생 가능이 없다는 것을 눈치챈 택시 기사는 고개를 저었다.

"택시로는 환자 수송을 못합니다. 그러니 영구차를 불러서 운송하세요."

참으로 설상가상이었다.

한순간에 아내의 죽음을 목전에 둔 자형은 도로상에서 계속 통곡을 하셨고 나는 택시기사에게 담배도 사 드리고 하소연 하다가 택시 요금을 두 배 이상 주겠다며 여러 모로 설득하고 빌고 통사정을 하여서 겨우겨우 승낙을 받았다.

'택시 운전기사는 인정도 눈물도 없는가! 아니면 국법이 그렇게 냉정한 것인가.' 라는 원망도 했다.

누님을 집으로 모시고 오면서 나는 수액주사병을 들고 누님의 얼굴을 지켜보다가 숨이 멎으려는 순간에 가슴을 눌러주며, 인공호흡을 시도하기도 했지만, 의사의 말대로 도로상의 택시 안에서 숨을 거두셨다.

힘겨운 인생살이, 칭찬도 원망도 할 일도 미련도 많은 인생을 누님은 그렇게 마감하셨다.

　자정이 지나고 마을 뒤편 도로변에 시신을 내려놓자 사십이 다 되신 자형은 대성통곡을 하시고 나는 가슴이 답답하면서 목 안에 무엇이 꽉 막힌 것 같았다. 말소리도 잘 나오지 않았다. 모기 소리만 하게 겨우 말을 할 수 있을 뿐이었다.

　하필이면 그날이 섣달 그믐날의 전날(음력 12월 29일) 저녁이었다. 그래서 날이 밝자 마자 초상은 한 해를 넘길 수가 없다면서 가족 친지와 마을 사람이 모여서 설 준비도 제쳐놓고 서둘러 염습하고 수의를 입혀서 마을에서 가까운 산기슭에 고이 모셨다.

　온 마을 사람들이 "아까운 사람, 큰 일꾼이 떠났다." 하면서 눈물을 흘렸다. 결혼한 지 10년째인데 벌써 자녀가 다섯 명이고 막내를 낳은 지는 반 년이 되지 못했다.

　30세도 못 넘기고 돌아가신 분도 안타깝기 그지 없지만 살아 있는 아이들 다섯도 참으로 불쌍하고 안타깝기 한이 없었다. 이런 정황이니 나는 울고 싶은데도 울음소리가 나지 않고 목이 꽉 막혔다. 사람이 너무 슬프면 목소리가 나지 않는다는 것을 그때 체험했다.

　그로부터 근 삼십 년이 지난 지금도 그때를 생각하면 왠지 가슴이 답답하고 눈물이 앞을 가린다.

　출가한 승려로 지내면서 신도들의 죽음을 많이 접했는데도 이러한 발자취에서 새삼스레 눈물이 쏟아지는 것은 어찌할 수 없는 천륜의 끈 때문인가? 누님의 사랑이 깊어서인가?

누님

엄마보다 저를 더 아끼고 사랑하셨지요
투정도 감싸시고 힘겨움도 마다 않고
보채는 요청마다 해결해 주셨지요
모내기 추수기엔 한머슴 역할까지
눈보라 비바람엔 업고서 학교까지
그렇게도 깊은 정 받으면서도
인정도 사정도 모르던 제가……

오늘 누님의 딸을 보며
당신 외손자의 재롱을 보며
어쩌다 비명으로 기약없이 가시던 순간을
목메인 눈물로 새삼 새겨요

가족 사랑 이웃 인정 아낌없이 주셨지요
어려움 속에 몸부림 치면서도
삶의 멍에가 무겁다고는
한 말씀도 아니 하셨지요

님은 가셔도 싹은 남아
결실이 알알이 영글었습니다.

님이시여! 깊은 정 넓은 가슴으로
비운의 사연일랑은 잊으소서, 놓으소서
잊고서는 그렇게 잊었다는 생각조차 없을 때
최상의 안락과 영원생을 누리오리다.

사색과 괴로움

누님이 돌아가신 날부터 어머님은 매일같이 한숨을 쉬고 눈물을 흘리시며 딸을 잃은 한탄을 하셨다.

그 모습을 볼 때마다 내 가슴도 터질 듯이 아팠지만 그래도 "어머님 잊으셔요. 어머님 건강을 보살피셔야 해요"라고 위로를 해 드렸다.

그 무렵 나는 이런 생각이 들었다. 과연 장가가고 부인과 함께 자식을 낳고 산다면 행복하기만 할 것인가? 우리 누나처럼 젊어서 사망하거나, 우리 어머니처럼 자식 잃는 슬픔을 당하지 않는다는 보장이 있는가?

자형은 재혼했지만 자녀 두 명은 다른 가정에 입양시켜야 했고 몇 달도 못 지나서 재혼한 여인마저 떠나 버렸다.

이처럼 자형 가정의 참담한 모습을 보면서 '사람의 운명과 길흉화복은 어디서 오는 것인가? 어떻게 살아야 잘 사는 것이며 고통과 근심, 뜻밖의 불행을 당하지 않을 것인가?' 하는 고민에 빠지고 사색에 몰두했지만 시원한 답이 나오지 않았다. 해답을 제시해 주는 사람도 없었다.

그 무렵 나는 소화력이 약해졌으며, 점차로 몸도 약해지기 시작했다.

병원에서 의사 선생님은 위에 큰 이상은 없다고 하는데 나는 음식이 조금씩 넘어왔다. 와르르 토하는 것도 아니고 음식물이 조금 넘어오면 또 씹어 삼키기도 했다. 그러니 주변 사람들은 소처럼 되새김을 하는데 왜 살이 찌지 않느냐며 놀리기도 했다.

그러다 보니 현역에 안 가고도 병역을 필했고 부산에서 시계수리 기술도 배워 보았지만 돈벌이도 잘 되지 않았고 몸도 나아지지 않았다. 또 냉동 기술도 배워 보았고 시골집에서 가축을 기르기도 해 보았지만 역시 실패였다. 그러는 동안에 내 자신은 병자도 아니고 건강하지도 않은 사람이 되었다.

회갑이 다 되신 어머님은 아들을 위해 좋다는 약은 다 구해 주시고 불공도 살풀이 굿도 해보았다. 그러나 아무런 소용이 없었고 어머님 애만 태우게 되었다. 어머님 보기가 더욱 민망하고 안타까운 나날이었다.

어머님은 시집간 딸도 잃고 큰아들까지 사람 구실을 못한다고 한숨짓는 나날을 보내셨다.

이제는 누님을 사별한 슬픔보다 내 자신이 '어떻게 살 것인가?' 하는 고뇌에 빠졌다.

그 무렵 부모님께서 불교를 믿으시니 누군가가 부모님께 아들을 절에 보내서 수양토록 하라고 권유했다. 부모님과 나도 절에 가서 만사를 잊고서 마음을 안정하고 몸도 보살피며 건강을 되찾아야 되겠다고 생각하고 고향에서 크게 멀지 않은 경남 사천군의 한 암자로 가서 머물게 되었다.

그곳 암자에 머물면서 예불도 드리고 불경을 접하면서 '모든 것은 마음이 짓는다. 자신이 지은 인과는 피하지 못한다. 마음을 닦으면 부처가 된다.'는 것을 알게 되었다.

스님들께서 살아가시는 모습을 보고, 출가 승려로 살면서 부처님 법따라 살면 내가 고뇌했던 것들이 풀릴 수도 있겠다는 생각이 들었다. '명예, 재물, 가족에 대한 욕심을 버린다면 편하게 살겠구나.' 하는 마음이었다.

'부지런히 마음을 닦고 포교도 하면 후회는 없겠구나.' 하는 마음이었다. 그리하여 나는 승려 되기를 결심하고 머리를 깎았다.

길을 찾았다

인정과 냉정의 회오리를 벗어나려고
삶의 무게와 병고의 두려움을 벗어나려고
몸부림치는 나약한 중생!
생(生) 이별의 쓴맛과 사(死) 이별의 아픔도
바른길 인도하는 이정표 되니
방황의 미로에서 길을 찾았다.
외롭고 두려운 섬을 떠나는 배를 만났다.
이 배를 노저어 가며
힘겨운 땀방울이 쏟아져도
진리의 시원한 바람이 식혀 줄 거야
스스로의 다짐이 굳센 힘 되고

지난날 고뇌가 양식되어
보람의 저 땅에 도달할 거야
지혜봉(智慧峰) 정복하고
자비향(慈悲香)을 시방(十方)에 은은하게 피울 거야.

소신(所信)과 원력(願力)

　승려로서 살면서 도를 깨달으면 좋겠지만 언제 깨달을 것인가 하고 조바심을 갖지는 않는다. 부처님 가르침대로 하다가 보면 언젠가는 깨달음을 이룰 수 있다는 믿음을 가진다.
　매일매일 주어진 일을 부지런히 성실히 하고 가능한 공부할 수 있는 여건을 만들어서 공부를 해야 한다는 뜻을 세웠다.
　그러나 현실적 반연에 매여서 일념정진하는 마음 공부보다는 사회 속에서 신도들을 교화하면서 만남의 인연 공부와 순응의 공부를 하게 된다.
　범어사 승가대학을 졸업한 후 내 승랍이 몇년밖에 되지 않았는데도 작은 절의 주지 소임을 맡게 되었다. 그 당시에 청년회는 있었지만 학생회와 어린이 법회는 없었다.
　부처님의 지혜와 자비를 어린이에게도 가르치고 그 천진한 동심에 불심을 심어야, 평생 간직하면서 실행을 잘할 것이라는 생각이 들어서 어린이 법회를 어렵게 시작하였다.
　평생 어린이를 가르치신 불자 교장 선생님께, 어린이 앞에서 말하는 방법과 어린이를 지도하는 방법을 배워가면서 진행했다. 그 당시 부산은 200만 인구에 사찰이 700여 개에 이르렀지만 어린이 법회를 하는 절은 우리 절까지 5개 사찰뿐이라는 것도 알았다.

어린이에게 가르칠 교재가 없어서 경기도의 어느 사찰에서 펴낸 책을 입수하여 표본으로 하고 이에 가감하여 책을 만들고 우리 절 자체 교재로 활용했다. 이 〈어린이불교〉 책을 통도사 방장(方丈)이신 월하(月下) 큰스님께서 보시고 '어린이불교 간행기념' 휘호를 써 주셨다. 아직도 그 휘호를 소중히 간직하고 있다.

그리고 불교대학생이나 불자 청년들에게 어린이 법회의 방법과 신앙심과 정신력을 가르쳐 주면서 어린이 법회 지도를 맡게 했다. 또한 부산의 여러 청년 불자들과 모여서 어린이 지도교사 모집과 양성 및 교육에 대하여 연구하고 토론하고 때로는 연수도 하는 어린이 지도 교사회를 같이 만들어서 활동하는데 지도 교사가 주축이 되고 지도하는 스님도 몇분 동참했다.

'82년 여름에 선두에서 지도하는 구심점이 없어서 부득이 능력이 부족한 본인이 지도법사 대표가 되어서 그 회의 이름을 '부산불교어린이지도자회' 라 명명하였고 법회를 지도하는 스님 수도 좀 늘어났다.

그러나 많은 사찰이나 불교단체에 어린이 법회를 확산시키고 법회 지도 교사와 법사를 양성하고 교재를 개발 보급하는 중대한 일들을 발전적으로 해내기에는 기존 회원들의 역량이 부족했다. 그리고 그들의 대다수가 20대 30대의 젊은 스님과 교사들이어서 용기와 소신과 원력은 충분했지만 사회와 불교계의 경륜이 부족하고 재정이나 인재를 동원하는 능력도 미흡했다. 무엇보다도 각 사찰 주지 스님들에게 어린이 법회를 권유하고 어린이 포교에 동참할 수 있도록 유도하는 힘과 반연이 미흡했다. 그런고로 부산 지역 승속의 많은 불자들에게 존경받은 큰스님께 요직을 맡으시도록 권유하자고 결의를 했다.

그래서 일찍이 범어사 주지를 역임하셨고 당시 영주암 주지로 계시며 부산 불교학생연합회 총재를 맡고 계시던 정관 큰스님을 회장으로 추대하기로 뜻을 모았다.

큰스님께 회원들의 뜻을 말씀드리고 수락을 간청했다.

큰스님께서는 "좋은 일이며 해야 할 불사이지만 내가 어린이 앞에 한번도 서본 적이 없는데 어떻게 어린이 지도자회의 회장이 되겠습니까?"라고 말씀하시면서 끝내 회장직을 사양하셨다.

하지만 그대로 물러설 수는 없어서 재차 큰스님께 간청했다.

"큰스님께서 해야 되는 일이라고 인정해 주시니 감사합니다. 어린이 포교를 위하는 것이 이 나라와 불교를 위하는 것입니다. 하오니 큰스님께서 저희들의 지주가 되어 주시고 부산 불교계에 회장이란 명함이라도 주신다면 저희들이 실무적인 일은 모두 하겠습니다. 그렇게만 해주셔도 어린이 포교는 순풍에 돛을 단 듯이 발전할 것입니다."

그랬더니 큰스님께서 회장직을 수락하셨다. 그 후 큰스님께서는 어린이 포교가 참으로 보람된 일이며 이 시대에 필요한 일이라는 것을 느끼시고 지대한 원력으로 열성과 자원을 들여서 대한불교어린이지도자회라는 전국 단체로 성장시키고 전국에 지도자 양성과 어린이 포교에 엄청난 공헌을 하셨다.

그 당시 나와 지도 교사들의 판단과 실행이 참으로 다행이었다고 생각되며, 어려운 여건에서 어린이 법회를 시작한 것과 기득권 지도자들과 함께 과감히 큰스님을 추대한 일들은 불교를 대중에게 쉽게 가르치고 전해야 한다는 확고한 소신이 있고 부처님 법에 대한 감사의 보답, 꼭 해야 한다는 원력이었다고 생각된다.

울산에서 정토사를 창건하고 대웅전 기둥에 주련을 한자가 아닌 한글로 새겼다.

그리고 불교 신행 요전이 되는 책을 한글 번역본으로 발행하여 읽히면서 기도와 의식 중에 한글 경전을 읽고 우리말로 발원하고 있다. 뜻을 모르는 한문으로 열번 발원하는 것보다 부처님 말씀의 뜻을 알고 공감하면서 하는 것이 한번을 해도 더욱 효과적으로 알고 바로 신행할 수 있다는 소신과, 그것을 다른 사람은 하든 아니 하든 간에 나만이라도 꾸준히 실행하고 확산시키겠다는 원력이라 생각한다. 또한 울산불교교육원 설립과 울산연대본부 군법당 건립에도 내가 먼저 재정과 강한 뜻을 내어 설립의 결정적 기회와 역할이 되기도 했다.

청소년이 즐겨 보고 흥미롭게 지혜 얻고 부처님 자비와 인격을 본받을 수 있게 하며 청소년의 대화와 상담의 창구 역할까지 하는 작은 책 〈선재들의 속삭임〉을 선재 연구모임에서 계속 만들어 내자고 결의하고 창간 준비호를 '97년 봄에 발행했다. 그래서 나는 중학생, 고등학생 불자회를 지도하는 학교 교사들께 희망의 소식이었다고 하며, 〈선재들의 속삭임〉 책을 미리 소개하고 다음에 보도록 하자고 하면서 기쁨과 기대로 가득 차 있었다.

그런데 준비호가 발행된 지 반 년이 지나도, 창간호가 나오지 않아서 실무 담당자에게 문의했더니, 재정 부족으로 창간을 못하고 있다는 것이었다.

이 소식을 접하고 내가 평소 존경하고 뜻이 잘 통하는 운성 스님께 '우리가 나서서 자금을 모읍시다. 다른 불사나 어떤 사회사업보다 중요하고 절실한 일이니 같이 힘써 보십시다.'고 권유하니 뜻을 같이 해주셨고 적극적으로 다른 스님 몇 분을 동참하자고 권해서 창간호의 재정을 화주했다.

그리하여 《선재들의 속삭임》 창간호 2만 부를 발행하여 전국의 인연 닿는 청소년에게 나누어주어 읽게 했고, 상담 역할과 친구가 되도록 했다.

옳고 해야 할 일이라면 다른 사람의 눈치를 보거나 여건이 좋아질 때를 기다릴 것이 아니라, 자신이 힘겨움이 있고 명예나 재정이 줄어드는 희생을 감수하고라도 과감히 실행하는 것이 참다운 소신이며 용기이다. 그리고 만인을 위한 일을 힘들어도 꾸준히 하는 것이 원력이라 생각한다.

제3부 똥싸서 위안하다

죄업과 뱀소동

진리와 방편/사람을 위한 종교/자연과 마음, 그리고 부처

운명과 육바라밀(六度)/바다 같은 부처님께

정토(淨土)로 가는 길/순리적 과정은 원만한 결과

믿음과 이해로써 원(願)을 이루자

캄보디아 앙코르 성지순례기(聖地巡禮記)

생활 주변에서 일을 찾자/독화살을 뽑고 치료부터

부처님과 대화하자/소리 없음도 듣고 형상 없음도 보자

때때마다 안락(時時安樂)/부인의 코를 잘라서

흙하고 나하고/똥싸서 위안하다

죄업과 뱀 소동

정신질환자 요양원에서 치료를 받던 중 사망하여 장례식을 마친 김○○ 영가의 49재를 지낼 때의 일이다.
49재 중 2주일째 재를 드릴 때였다.
원주 스님과 내가 같이 염불 독경을 하는데 경책을 두는 경상 앞에서 중간 크기의 푸르스름한 뱀 한 마리가 자꾸만 법상을 덮어 둔 보자기 자락에 올라가려고 했다. 나는 한참 동안 입으로는 경을 읽고 눈으로는 뱀을 보다가 옆에 원주스님의 허벅지를 살짝 찌르고 손가락으로 뱀을 가리켰다.
순간 원주 스님은 "어, 뱀이 나왔네!" 라고 고함을 질렀다.
불공중이라서 뱀이 조용히 나갈 것으로 믿고 혹시나 스님 쪽으로 오면 너무 놀랄 것 같아서 놀라지 말라고 미리 살짝 알려 준 것인데 오히려 고함을 질러서 온 법당의 대중들이 놀라 소리쳤다.
"어디 뱀이 있어요?"
"진짜네!"
"아까 청소할 때는 없었는데 언제 왔을꼬?"

원주 스님의 "막대기 가져와! 집게 가지고 와!" 하는 외침에 누군가 빗자루를 들고 허둥대며 일대 소란이 벌어졌다.

이때 나는 침착하게 목탁채로 뱀을 밀어서 법당 밖으로 슬그머니 내보냈다.

그 영가의 3주 재를 지내는데 여름이라 날씨가 맑고 더워서 법당문을 모두 활짝 열어 놓고

"앙고 시방 삼세…… 김○○ 영가 왕생극락지 발원……"

이렇게 축원을 하는데 갑자기 소나기와 함께 세찬 바람이 불면서 법당문이 와장창 쿵쿵 닫히는 바람에 유리가 깨어져서 큰 유리조각이 순식간에 김씨 영가의 형수 되는 여인의 등에 꽂혔다.

'아이고' 하면서 엎드리는데 붉은 피가 줄줄 옷 위에까지 흘러내렸다.

나는 축원을 멈추고 형수되는 이의 등에서 빨리 유리 조각을 뽑고 솟아나는 피를 막았다.

그리고 솜과 반창고를 가지고 오라 하여 응급처치를 하고 병원에 가시라고 권했지만 그분은 굳이 재의식을 끝내서야 집으로 돌아갔다. 그 후 김씨 영가의 마을에는 흉흉한 소문들이 파다했다.

"김○○ 그놈이 살아서 부모 두들겨 패고 처자식도 닥치는 대로 패면서 더럽게 미치더니 죽어서 구렁 뱀이 되었단다."

"하도 날뛰고 집안 사람, 동네 사람 못살게 굴어 요양원에 보내서 가두었는데 죽어 뱀이 되어 절에 잿밥 먹으러 왔단다."

"자기 형수도 유리에 맞아 등에 구멍이 났단다. 그 독하고 못된 놈이 죽어서도 그렇단다."

온 동네가 들쑤신 듯 왁자했다.

마지막 49재 때는 주지 스님께서 염불, 독경, 설법 등 재 의식을 잘하시는 도반 스님 일곱 분을 특별히 초청하여 김씨 영가의 업장 소멸과 왕생극락을 위해 온 정성을 다해 여법(如法)히 해 드렸다.

독한 원한심이나 강한 애욕, 애착은 육신이 죽은 다음에도 영혼에 붙어서 다음 생에 악한 영향을 미친다.

또는 그 대상의 주변에 맴돌면서 떠나지를 못한다고 한다.

이런 것을 악업(惡業) 또는 업장(業障)이라 한다.

〈금강경〉에 '머무른 바 없이 마음을 낼지니라.(應無所住 而生其心)' 말씀을 새기며 자신을 바로 찾고 생각과 행동을 맑게 해야 할 것이다.

진리와 방편

　부처님께서 깨달아 가르치신 진리는 영구불변(永久不變)하고 진리불변(眞理不變)하지만 진리를 알아 터득하게 하는 방법은 시대와 장소와 사람의 근기에 맞게 변화하여 수연방편(隨緣方便)되는 것이다.
　부처님께서는 중생의 수준과 고뇌에 따라 알맞게 대기설법(對機說法)을 하셨으므로 불경이 방대하게 팔만대장경이 되었다.
　〈기신론(起信論)〉에서 이르기를 '일심법(一心法)에 심진여문(心眞如門)과 심생멸문(心生滅門)이 있다.'고 하여 만법이 진여는 변치 않는 것이며 진여가 만법(萬法)임은 연을 따라 변하는 것이라 했다.
　이는 남녀노소 빈부귀천의 모든 고뇌를 다 치료하여 구제하신다는 뜻이기도 하다.
　그런데 오늘날 우리는 한글을 통용하는 한글 문화시대인데도 불구하고 여전히 신라시대에 들어온 한문으로 염불독경을 계속한다.
　그러니 그 뜻을 모르는 사람이 대부분이요, 뜻을 모르면서 불공

기도를 하니 공감할 수도 없고, 그저 좋은 염불이라고만 알고 있으니 지루하게 여긴다.

그래서 불공이나 의식에서도 운과 고저를 감정표현에 맞추어 정중하고 엄숙하면서도 뜻을 공감할 수 있도록 해야 한다.

그렇게 개정되었으면 하는 바람이 간절하다.

사람을 위한 종교

 단군 성조의 건국이념은 홍익인간, 즉 인간을 크게 이롭게 한다는 사상이었다.
 이것은 사람 우선으로 인간답게 살도록 나라를 다스린다는 뜻으로 생각된다.
 불교에도 동체대비(同體大悲)라는 말씀이 있다. 만생명이 하나라는 큰 자비의 사상이요, 교훈이다.
 곧 부처님께서 깨달으신 연기법이 만생명이 서로 각각이 아니라는 것이다. 상대편도, 미운 이도, 고운 이도 빈부귀천도 가리지 말고 과거의 조상이나 자손이나 모두 다 내 몸처럼 사랑하고 아끼라는 것이다.
 그러나 귀신보다는 사람이 우선이며 짐승이나 벌레보다도 사람이 우선이다.
 몇해 전 어느 신도의 모친이 별세하여 본인에게 염불독경을 청하였으나 그날이 어린이 법회에 설법이 있는 날이라 망설이자 대중들은 주지가 초상에 가야 49재도 들어온다고 굳이 가기를 권유하였다.

그러나 나는 고인(故人)의 왕생염불도 중요하지만 살아 있는 대중이 더욱 중하다고 여겨 어린이 법회에서 설법했다.

또 다른 일화로 바닷가 절에 살 때의 일이다.

한 신도로부터 고기잡이 배가 만선되기를 소원하는 불공기도를 부탁받았다.

이 소원은 많은 물고기의 생명을 죽여야 이루어지는 것이라 불공을 할까말까 망설이다가 불교가 사람을 위한 것임을 생각하고 그 신도에게 깊은 참회와 물고기의 왕생극락을 발원하라 이르고 나도 불자의 업연을 좋게 되도록 하고 잡힌 고기의 왕생극락을 빌어 '죽이는 자의 업을 소멸하소서.' 라고 발원하였다.

이와 같이 사람들이 자신의 생업을 위해 불가피하게 미물을 죽이더라도 당연하다는 생각이 아니라 참회와 왕생을 비는 마음이라면 서로 간의 원결이 없을 것이요, 미물보다 귀신보다 사람이 우선이요, 사람이 중심이어야 한다.

방생도 좋지만 물고기를 살려 주느니보다 어려운 사람을 돕는 것이 더욱 좋다고 생각한다.

현세의 고기 다루는 생업에 종사하는 국민에게 위안이 되고 국민을 포용할 수 있는 대승적 사상이 되리라 생각된다. 또 부처님의 뜻은 어떤 절대의 신이나 영혼이나 동물보다 사람을 우선으로 하고 사람을 이롭게 하는 자비심이라 하겠다.

자연과 마음, 그리고 부처

모든 인류는 원시시대 때부터 자연의 위대한 힘을 숭배했다.
우리 민족에게도 하늘, 물, 산 등에 신비로운 힘이 있다고 믿어 이를 숭배하는 자연신앙이 있었다. 그리하여 하늘신앙이 하느님(하나님, 하늘님)으로 불렸고 불교에서 칠성(七星)신앙으로 정착되었으며 산에는 산신, 물에는 용왕신, 부엌에는 조왕신 등의 신앙체계가 세워져 전해진다.
불교는 자연의 이치와 마음의 본질을 깨달아 고통에서 벗어나는 것을 근본으로 하고 있으니 자연신을 믿는 것과는 상당히 차이가 있다.
그러나 불교 교리는 마음도 부처요, 자연도 부처요(법신불) 중생(뭇생명)이 다 부처의 성품을 지녔다는 대승적 원융무애사상으로 자연신을 배척하지 않고 포용하였다.
불교는 신앙의 대상과 근본골격을 불·법·승(佛法僧) 삼보로 하고 있다.
걸림없는 대자유(大自由)를 깨달은 경지를 부처님이라 하며, 그 교훈과 진리는 대평등(大平等)으로 법(法)이라 하며 불교교단의 구성원, 즉 부처님을 믿고 따르는 자의 집단인 승가는 대화합(大和合)이라 한다.

이와 같이 대자유와 대평등과 대화합의 사상으로 볼 때 사람과 더불어 생명있는 모든 것은 본질이 있고 자성(自性) 또는 불성(佛性)이 있다고 한다.

우리 마음은 본래 맑고 청정하며 선량한데 번뇌와 욕망과 현실의 때가 청정불성을 가리고 있으므로 번뇌의 때를 벗기면 바로 부처가 될 수 있다.

부처님은 그 이치를 깨달으셨으며 청정한 마음 그대로를 뚜렷이 드러내셨다.

그러므로 마음과 부처와 중생이 차별이 없다(심불급중생 시삼무차별 : 心佛及衆生 是三無差別)고 한다.

그러나 화엄경 사상과 삼신불(三身佛) 교훈에서는 '온 우주 가지가지 만물이 모두 비로자나부처님의 진신(화장찰해 두두물물 비로자나 진법신 : 華藏刹海 頭頭物物 毘盧遮那 眞法身)'이라 하였으니 자연과 마음과 부처가 별개가 아니라는 것이 대승불교의 사상이다.

그래서 자연을 숭배함에 그 자연이 절대적으로 우리를 보호하고 해탈성불하게 한다고 믿지는 못하지만, 자연의 역할과 위력이 사람의 삶에 큰 영향을 미치고 있는 것은 분명하다.

따라서 자연을 두려워하거나 멀리할 것이 아니라 감사하고 보호하며 자연의 이치와 현상을 연구 관찰한다면 자연은 우리에게 언어와 문자 이전의 그 무엇인가를 통해 사람을 가르치고 일깨워 주는 스승이 될 것이다. 이같은 자연현상의 이치와 더불어 인생과 마음을 확철히 깨닫기도 한다.

그러므로 자연을 경시하거나 배타하지 않고 잘 받들며, 자연·물질마다 본질과 힘이 있다고 인정하고 믿는 것이 자연신앙이다. 이것은 깨달아 부처가 되기 전에 작은 부분의 신앙 대상이 되는 것이다.

자연을 법신이라 하고, 마음을 부처라 하며 중생도 불성이 있다 하니 자연과 마음과 부처와 생명이 두루 통하고 공존하는 것이다.

전체로 보면 차별이 없고 개체로 보면 각기 다른 차별이 있다. 그러므로 자연과 마음의 이치를 깨달으면 그것이 바로 부처이다.

운명과 육바라밀〔六度〕

 몇해 전 정월에 절에 찾아온 중년 보살이 내게 자꾸만 졸라댔다.
 "스님, 신수를 봐 주세요, 제 사주에 잘 살겠어요?"
 막무가내로 사정하고 졸라댔다. 그래서 내가 운명에 대하여 이야기를 해 주었다.
 보통 사람들은 인생의 생사와 운명에 대하여 모르는 것이 보통이다. 내가 고찰하고 익힌 바로는 사람의 운명은 태어나기 전에 모두 정해진 것도 아니요, 그렇다고 태어나면서 모두 형성되는 것도 아니다.
 바꾸어 말하면 전생일과 태어난 공간 및 시간이 정해 놓은 선천적인 숙명과, 태어나 살아가면서 공부하고 일하는 후천적인 것이 조화되어서 행복과 불행이 결정되는 것이다.
 이는 마치 농작물의 생사변천과 흡사하다. 예를 들어 우리가 매일 먹는 고추나 콩을 관찰해 보면 좋은 고추 씨앗을 좋은 밭에 심어서 온도와 습도와 영양을 잘 맞추어 주고 병충해 방제도 잘 하고 비바람 태풍에 지주도 세워 주며 가꾸는 데 정성을 기울여야 좋은 고추를 수확할 수 있다.

 그러나 아무리 씨앗이 좋아도 잘 가꾸지 않으면 좋은 결실을 얻을 수 없고 아무리 잘 가꾸어도 씨앗이 나쁘면 좋은 결실을 얻을 수 없다.

 사람이 살면서 오래 익힌 습관이나 강한 집착, 또는 선과 악은 업이 되어 영혼에 간직되어서 다음 생에 나타난다.

 그리고 그 영혼이 업과 식의 범주에 따라 어떤 생명체로 어디에(지옥·극락·인간 등) 태어나느냐가 결정된다.

 또한 사람으로 환생하더라도 어떤 나라의 어떤 집안에 미남이냐, 추녀인가 등 각각 다르게 나타난다.

 지금까지 말한 전생의 업과 태어난 장소, 가문, 외모 등은 모두 선천적인 것이며 앞에 말한 고추의 씨앗에 비유할 수 있다.

 하지만 이미 결정된 것이나 선천적 바탕이 좋다 해도 후천적인 가꿈이 나쁘면 원만한 인격이나 보람된 삶이 되지 않는다.

 정해진 숙명(선천적 씨앗)에 부모의 보호와 올바른 교육과 자신의 노력, 공부, 수양 그리고 정당한 견해와 가치관 등이 원만히 형성되어야 행복한 삶을 누리는 훌륭한 인재가 될 수 있다.

 따라서 우리는 선천적 숙명이 좋은지 나쁜지 어느 정도인지 알려고 노력하는 것도 필요하지만 그것이 결코 삶을 좌우하는 것이 아니며 후천적 가꿈이 더욱 중요한 것이다.

 즉 과거에 집착 말고 현재의 삶이 미래 삶의 기초가 되고 가치기준의 척도가 됨을 항상 인식하여야 한다는 것이다.

 그렇게 현재와 미래를 잘 가꾸어 가는 데는 여러 가지 고뇌가 있게 마련이다. 이를 극복하기 위해 육바라밀, 즉 보시(남을 위해 베풀어줌), 지계(원만한 인격자로서 지켜야 할 규범), 인욕(어려움을 참고 견디는 것), 정진(수양에 힘쓰고 게으르지 않는 것), 선정(마음을 고요하게 통일하는 것), 지혜(삿된 지혜와 나쁜 소견을 버리고 참지혜를 얻는 것)를 힘써 수행해야 한다. 자신의 마음(정신, 생각)을 흐트러지지 않게 하고 한 곳으로 고요히 모아야만 능력이 증대된다.

이것을 선정, 선나바라밀이라 한다.

그렇게 함으로 마음이 맑아지고 잡념이 없으면 지혜와 힘이 증장한다. 또한 지난 일이나 잘못된 일이나 타인의 흠 등을 잊어버리고 건설적이며 좋은 일을 생각하고 자신의 견해나 생각을 긍정적이고 희망적으로 가지면서 말도 행동도 그렇게 해야만 지혜롭고 편안한 삶을 가꾸어 갈 수 있다.

바다같은 부처님께

바다는 맑은 물도 흙탕물도 모두 다 받아들이고 그 속에 들어오면 모두 같은 바닷물이 된다. 높은 곳의 물이나 낮은 곳의 물, 빗물이나 하수돗물 모두 바다에서는 구별없이 바닷물이 된다.

부처님의 자비와 불법도 바닷물과 같아서 신분의 빈부귀천이나 남녀노소 모두를 포용하며 부처님 제자가 되어 부처님 회상에서는 모두가 다 평등하다.

그러므로 우리는 자신이 살면서 타인으로부터 멸시를 받는다고 생각할 때 바다같은 부처님의 자비법을 생각하고 상대방을 부처님이 될 사람으로 생각하여 공경하여야 한다.

또한 나를 미워하는 사람이든지 내가 미운 사람이 있어도 그 사람을 칭찬하고 공경하면 내 마음이 편안해질 것이다.

하지만 그렇게 다잡았던 마음도 남으로부터 멸시당하거나 미움을 당하면 흔들리게 마련이다.

그러나 한 차원 높게 시야를 넓혀서 생각하면 나를 멸시하는 사람의 주관이나 그 사람의 비위에 맞지 않아서 그 사람의 주관적인 생각으로 말하고 행동했지 객관적으로 어떤 기준이나 멸시를 한다고 단정할 수는 없다. 미움과 멸시는 그것을 행하는 사람의 마음이 먼저 어두워지고 아픔의 파장이 강하여서 그 사람 자신이 먼저 괴로운 것이다.

그러니 내가 남을 미워하면 내 마음이 구겨지고 떨리고 내 몸이 불편하지, 미움을 당하는 사람에겐 작은 영향만 끼칠 뿐이다.

타인이 밉거나 자신이 멸시를 당했으면 그 원인을 제거함도 중요하지만 '나는 부처님의 지혜를 갖춘 사람이다.' 생각하고 상대방도 부처님이 될 사람이며 '부처님같이 되소서.' 라고 생각하면 그를 미워할 수 없고 멸시할 수도 없을 것이다.

옛날 한 스님이 일반인이나, 신분이 높은 고관이나 평민이나 노예나 노소를 막론하고 보는 사람마다 "당신을 깊이 공경하고, 가볍게 여기지 않습니다. 당신은 보살도를 행하여 반드시 부처가 될 것입니다." 라고 말하면서 절을 했다고 한다. 이 스님은 그 수행공덕으로 상불경(常不輕)이라고 이름하는 보살이 되었다. 〈법화경〉에 나오는 이야기이다.

그리고 또한 내가 진정으로 부처님을 믿고 의지하고 내 마음속에서 일어나는 미움도 분노도 억울함도 모두 다 부처님께 바치고 타인에게는 주지도 말고 표하지도 말아야 할 것이다.

바다는 어떤 물이라도 녹여서 짠물로 만들고 또한 물 속의 짐승도 물고기도 해초, 조개, 미생물도 모두 포용하고 있다.

부처님도 바다와 같아서 선한 사람, 악한 사람, 괴로운 사람, 편안한 사람, 고독한 사람, 분주한 사람 모두를 사랑하고 포용하므로 우리들의 존경, 원망, 멸시, 애착, 괴로움, 슬픔, 기쁨, 실망도 모두 다 받아주신다.

우리 중생이 이 모든 것을 부처님께 드리고 나면 고뇌가 텅텅 비어서 맑은 마음, 편안한 마음이 되고 이렇게 되면 부처님 경지에 가까워지고 현세의 삶이 곧 극락정토가 될 것이다.

지난해 정토사에서 열심히 백일기도를 한 정씨 불자님은 아들을 일류대학에 합격시켜 달라고 부처님께 빌고 매달렸다. 그리고 '아들이 합격만 되면 부처님과 이 절에 큰 시주를 하겠습니다.'고 다짐하며 꼭 합격시켜 주기를 발원했다.

그런데 일류대학에 겨우 합격은 했는데 아들이 학과가 맞지 않는다면서 재수를 하겠다고 우겨대는 바람에 합격의 기쁨도 잠시, 고민에 빠지게 되었다. 그 불자님은 무척 안타까워했다.

또한 남편은 진급을 해야 함에도 불구하고 술을 마시고 결근까지 하는 등 성실하지 못한 근무태도를 보이는 것이었다.

그러다 정토사 백일기도에 동참해서 부처님께 걱정을 해결해 달라고 빌다가, 마음을 비우고 모든 것을 부처님께 바치라는 스님의 법문을 듣고 매일 기도 참배하며 남편의 진급도, 아들의 진학도 정씨 자신의 걱정과 안타까움도 모두 부처님께 맡기는 마음으로 기도를 하는 데 온 정성을 다했다.

정성스런 기도 덕분인지 연말에 남편은 진급되었고 아들도 진학을 했으며 자신도 조바심 없이 심신이 편안하고 기도정진과 가족 시중도 열심히 잘 하였다.

부처님께 진심으로 바치고 믿으니 아무런 조건제시 없이 뜻이 성취되었다.

"대원 경상(大圓鏡上)에 만인(萬人)이 평등(平等)하다."는 말씀과 같이 부처님 앞에서는 만인이 평등하며 부처님은 만인을 포용하는 자비와 만인의 고뇌와 갈등을 살펴 해결하시며 희노애락 모두를 조화롭게 받아서 잘 구제해 주시고 제도하시므로 모든 사람을 위시한 모든 생명을 살리는 바다와 같다.

〈화엄경〉에 부처님 법신은 우주에 충만하다고 하였다.

우리 모두가 부처님의 진리와 자비의 바닷물 속에 살고 그 물을 마시면서 숨쉬며 살고 있다. 우리가 공기로 호흡하고 있지만 공기를 의식하지 않고 있는 것과 같다. 이러한 부처님을 아무 조건도 미련도 없이 믿고 따라 행하면 지혜롭고 편안하게 된다.

정토로 가는 길

모든 이는 맑고 안락한 세상을 원하고 종교는 세상의 정토화(淨土化)에 의의를 두고 있다.

그런데 요즘 사회를 보니 〈비화경〉과 〈아미타경〉에 나오는 오탁악세가 생각난다.

오탁악세란 겁탁(劫濁), 견탁(見濁), 번뇌탁(煩惱濁), 중생탁(衆生濁), 명탁(命濁) 등 오탁의 모양이 나타나 악한 일이 많은 세상을 말한다.

겁탁은 사람의 수명이 감하여지고 기근, 질병, 천재(天災)와 전쟁, 환경 파괴 등 재앙이 발생하는 것이며, 견탁은 사악한 사상과 견해를 말한다.

번뇌탁은 사람의 마음이 번뇌에 가득하여 흐려지는 것을 말하며 중생탁은 심신의 자질이 저하되어 자신을 책임질 수 없는 사람이 넘쳐나는 사회, 무책임한 사람이 많아 책임 소재를 어물어물 넘겨 버리는 사회이다.

명탁은 사람의 수명이 점점 짧아지는 것인데 사고나 재해, 성병,

성인병 등에 의해 더욱 촉진된다고 한다.

따라서 오탁악세는 결코 건강한 사회, 발전하는 사회가 아니다. 무너지고 망해가는 사회이다.

역사 속에 등장한 국가의 패망도 오탁악세를 정화하지 못하고 극복하지 못했기 때문이다. 로마 제국이나 우리의 조선 왕조의 멸망도 마찬가지이다.

신앙의 대상이 명확한 종교를 믿어야[正信] 하는데 대상이 명확하지도 않은 신앙을 미신(迷信)이라 한다. 미신을 믿는 사람이 많으면 그 역시 혼탁인심이 된다.

인간의 길흉화복을 주재하는 절대자란 존재하지 않는다. 때문에 아무리 굿을 하고 점을 치거나 절대자 신에게 매달려도 공부하지 않는 학생은 입시에 낙방하고 부주의한 사람은 사고를 당하게 마련이다.

행복과 불행은 스스로 짓는 업에 의해 결정될 뿐 다른 어떤 절대자의 뜻이나 분노에 의한 것이 아니다. 그러니 건전한 사고를 가지고 부지런히 정진해야 한다.

대부분의 인간은 선량하며 본래부터 청정심과 깨달음의 바탕[佛性]을 지니고 있기 때문이다. 그러므로 우리가 항상 부처님의 지혜와 덕을 생각하고 부처님이 가르쳐 주신 진리인 경전을 읽고 스님께 의지하여 어떤 의문이나 어려움이나 번민도 문의하여 지도를 받으면 각자 자신의 심신(心身)이 맑고 편안해지며 가정이 화평하고 복된 사회 밝은 사회가 될 것이다. 정토(淨土)로 가는 길, 바로 이것이다.

순리적 과정은 원만한 결과

사람이 일하는 데 대가가 얼마나 될까, 결과가 어떻게 될까를 생각하게 된다. 그리고 어떤 목적과 목표를 정하고 노력하는 것은 당연한 것이다.

그러나 요즘 사람들은 결과를 너무 조급히 기다리거나 결과와 결실에 너무 집착하고 얽매이고 있다. 과정을 중시하지 않고 결과만을 가지고 평가하는 것은 성급한 생각이다.

원인에 따라 결과가 온다는 것은 자명한 인과법칙이요, '이것이 있으면 저것이 있고 이것이 일어나면 저것이 일어난다.'라고 〈잡아함경〉에 설해진 부처님의 인연법 말씀도 많은 사람이 공존하는 속에서도 내가 지은 만큼 돌아오게 되어 있다는 것을 일깨워 준다.

우리 조상들은 이러한 철학과 신앙으로 정성껏 씨뿌리고 부지런히 가꾸면 좋은 결실을 얻을 수 있으리라 믿고 농사를 지었다.

그런데 요즘 학생들은 일류대학을 나와서 보다 좋은 직장을 가져 돈과 권력을 누구만큼은 얻겠다는 집착에 빠져서 인격 도야는 안중에 없고 시험 성적에만 얽매인 공부를 한다.

정치인은 양심적인 정책, 다수 국민을 위한 정책보다 재집권을 위한 정책에 집착하는 이가 상당히 많고 장사나 사업가 중에도 돈 모으기에 집착하여 사회와 국민, 그리고 자신의 양심을 외면하는 이가 많다.

사업, 학업, 일, 장사, 농사 모두가 착수 동기가 바르고 방법이 정당하고 진행 과정이 순조로우면 그 결과가 순조롭고 원만할 것이다.

우리 모두가 순조롭게 진행되면 결실이 원만하리라 믿어야 편안하고 안정된 생활이 될 것이요, 결실의 다소에 얽매이지 말고 만족할 수 있으면 그것이 부유한 삶이라 생각한다.

옛날 어느 임금님이 나들이를 나가다 짜임새가 있는 시원하고 아름다운 삼층 누각을 보았다. 궁궐에 돌아온 임금은 신하를 불러서 삼층 누각을 지으라 명령했다. 얼마 후 임금이 현장에 가보니 터를 다지고 주춧돌을 놓고 기둥을 세우고 있었다.

그때 임금은 "일층 기둥은 왜 세우느냐? 일층, 이층은 필요 없으니 삼층만을 지으란 말이야! 삼층만을!!" 하고 호령했다.

〈백유경〉에 전하는 이야기이다.

오늘날 사람들이 성급하게 결실과 성공을 바라는 것이 〈백유경〉에 나오는 이 어리석은 임금을 닮아 가는 것이 아닐까 걱정이다.

우리 모두 차근차근히 순조롭게 인격을 가꾸면서 살아야 한다.

그날 할 일을 윤리에 맞게, 완급이 가정과 사회의 조화에 맞게,

자신의 위치와 능력에 맞게 계획하고, 그날의 한 일이 순리와 자신의 정도에 맞게 했는지 부처님의 가르침을 바르게 실행했는지 세심하고도 냉정히 살펴서 매일매일의 생활을 살아간다면, 그 삶은 원만할 것이다.

믿음과 이해로써 원(願)을 이루자

진실한 법 닦음은 내 마음의 청량제, 만인의 선약(仙藥)이라

매일 같은 태양인데 정초에 보는 해는 새롭게 보이며 희망을 갖게 한다.

부처님은 '날마다 좋은날(日日是好日)'이라 하셨다.

한해의 좋은 각오와 계획을 초지일관으로 실행하면 보람찬 한 해가 될 것이다. 좋은 뜻을 성취하려면 불교에 대한 믿음과 이해를 바탕으로 행해야 한다.

단순한 믿음(信)이 있고 이해(解)가 없다면 미신이나 맹신에 빠지고, 해(解)만 있고 신(信)이 없다면 사견(邪見)이 증장한다. 원만한 신해(信解)를 통하여 실행의 근본이 되고 큰 원도 이룬다.

정토사에서는 신해행(信解行)으로 지혜와 복덕을 증득(證得)하는 과정으로서

첫째, 지극한 신심으로 쉼없이 백일기도를 연초부터 한다. 신도 각자가 절에 와서 기도하거나, 집이나 직장에서 매일 일과중에 기도시간을 정하여 꾸준히 정진해야 한다.

둘째, 매주 목요일, 금요일과 초하루 및 보름에 경전 강의와 근본교리 강좌를 하며 불공기도 의식에도 우리말(한글)로 〈천수경〉〈금강경〉 등 경전도 읽는다. 이것은 불교를 알도록 하는 것이다. 동참하여 배우고 익혀야 한다.

셋째, 실천행으로 백일기도 염불정근을 하고 사찰의 불사에 동참 협력하고 각종 불교서적 보급과 아동, 학생, 군인 등의 법회를 지원하고 그외 신도님 상호간의 어려운 일이나 애사에 조력하는 등의 실행을 하여 육바라밀행을 한다.

여래(부처님)는 참됨을 말하고, 진실을 말하고, 진리대로 말하고, 속임수를 하지 않고 두가지 말을 하지 않는다.
如來是眞語者 實語者 如語者 不狂語者 不異語者
- 〈금강경〉

중생들이 곤액과 핍박을 받아 한량없는 괴로움이 닥치더라도 관세음의 묘한 지혜의 힘이 세간의 모든 고통 구하여 주네.
- 〈묘법연화경〉 中 관세음보살보문품

캄보디아 앙코르 성지순례기(聖地巡禮記)

프놈펜과 킬링필드

'96년 2월 5일 아침 7시 김포공항에서 천진불회(天眞佛會) 스님 일행 15명이 여행사의 안내인을 만났다. 출국수속 과정이 다른 여행객보다 엄격하고 까다로웠다. 왜냐하면 비수교 국가이며 사회주의 국가인 캄보디아가 목적지였기 때문이었다. 세계 10대 불가사의 중의 하나인 앙코르 와트 사원을 참배하고 유적을 탐방하고자 가는 것이었다.

베트남 항공사의 보잉기를 타고 10시에 이륙하여 4시간 여 동안 창공과 구름 속을 비행하여 오후 3시경 베트남의 호치민(사이공)시의 공항에 도착하여 공항 청사에서 2시간을 기다렸다가 캄보디아 수도 프놈펜으로 가는 48인승 프로펠러기에 탑승했다. 프로펠러 소음에 귀를 막다가 창 밖으로 내려다보니 검붉은 벌판에 드문드문 나무가 있고 저수지 같은 웅덩이도 보였다.

그렇게 전후좌우 끝없는 평원이 전개되다 약 40여 분 후 역시 검붉은 벌판과 푸른 강, 그리고 숲이 뒤섞인 평원 가운데 나무와 집들이 뒤엉켜서 모자이크 된 시가지가 보이는데 그곳이 바로 프놈펜이었다. 공항에서 입국수속을 마치고 나니 현지 시간 오후 5시경이었다.

처음 탐방지는 킬링필드(죽음의 광장)의 백골탑(白骨塔)이었다. 문자 그대로 죽음이 널려 있는 벌판이었다고 생각된다. 1974년 폴 포트가 반란을 일으켜서 정권을 찬탈하고 자신의 반대 세력권의 사람을 무려 백만 여 명이나 무더기로 학살했다고 한다. 당시 캄보디아 전체 인구가 4백 여 만 명에 지나지 않았다고 전하니 그 참혹상과 잔인함이 가히 상상이 된다. 그리고 그 학살 당한 시체를 프놈펜 외곽 들판에 쓰레기처럼 버렸다고 하니 폭도의 잔악함과 그 당시의 처절한 절규가 들리는 듯하다.

그 이후 시아누크 왕이 다시 정권을 회복하여 안정시키고 이러한 비극이 다시 없어야 한다는 교훈과 함께 무차별 학살된 영혼들을 위로하는 의미로 벌판에 널리고 묻혀진 뼈와 해골들을 모아서 탑 속에 몇 층의 시렁을 만들어 그 위에 쌓아놓았다.

아직도 본래 모습대로 보존된 해골들이 소복하고도 층층이 쌓인 모습들을 바라보며 개인의 권력 욕망과 정치적 대립이 낳은 비극적 참상을 가만히 생각해 본다. 그러면서 민족화합과 평화, 법질서 확립의 소중함을 새삼 느끼게 되었다.

우리 일행은 망자를 위하여 〈반야심경〉*을 독송하고 모든 원한과 고통에서 벗어나 극락왕생하기를 축원하였다. 그리고 나서 프놈펜 시내로 들어오니 오토바이와 자전거가 상당히 많이 다니고 승용차는 드문드문 다니는 모습이 눈에 띄었다. 그리고 낡은 트럭과 버스가 가끔씩 보였다. 얼마 후 동방프라자라는 한국식당(한국인 경영)에서 쌈밥으로 저녁을 먹었다. 안내자의 말로는 한국식당이 프놈펜에 3곳이 있다고 했다.

2월 6일 아침, 호텔 근처에 사원이 눈에 띄어 안내자 없이 다섯 스님이 함께 가 보았다. 사원 입구 거리에서는 처음 보는 여러 가지 식품들을 팔고 있었다. 법당은 뒤편 문도 창문도 없는 낡은 집과 같았다. 훤히 터진 교실 안에서는 어린이들 수십 명이 공부를 하고 있었고 교사는 흑판에 무어라 적으며 복창을 시키고 있었다.

그리고 사원의 스님이 오셨다. 우리는 서투른 영어로 겨우 참배 승낙을 받는 데 성공했다.

큰법당 문을 열어 주어서 참배하니 그 스님은 향불을 피워 우리 일행에 한 분 한 분마다 향불을 나누어 주어서 우리는 향을 향로에 꽂았으며 정중히 삼배 후 〈삼귀의〉*와 〈반야심경〉을 봉독하고 보시 공양도 올렸다. 불단(佛壇)에는 부처님과 부처님 상수 제자 상이 모셔져 있으며 우리들을 주시하는 듯했다.

영원히 최상을 누리려는 대역사(大力事) 앙코르 사원

오전에 공항으로 나가서 앙코르행 비행기를 탔다. 작은 프로펠라 기에 일행이 탑승했다.

나르는 비행기 창밖으로 아래를 보니 시야에는 호수와 평원 그리고 숲지대가 교차로 보이다가 큰 호수가 끝나는 지점 가까이의 시엠래프(SiemReap) 공항에 착륙했다.

조금 전에 보인 호수가 '톤렛삽'이라는 호수였다.

공항에 도착하자 소형버스가 대기하고 있었다. 일행은 버스를 타고 야자수가 가끔 보이고 이름 모를 활엽수가 띄엄띄엄 보이는 벌판을 달려서 한참만에 조그만 호텔에 도착하여 여장을 풀고 근처 식당에서 점심식사를 마쳤다.

그리고 앙코르 성지에 갔다.

거대한 나무들이 즐비한 밀림의 길을 한참 달렸다. 출입구에서 입장권을 사서 경찰관이 있는 경비초소에 입장권을 내고 약 2km를 갔다.

먼저 앙코르 톰에 갔다. 거대한 돌담과 돌 궁전 대문간으로 들어갔다. 한덩이가 몇톤씩 되어 보이는 다듬어진 큰 바위들이 검게 변한 담장을 이루고 성곽처럼 줄지어 쌓였다.

그러나 수십 미터로 보이는 몇 아름 굵기의 나무들이 돌담 성벽에 뿌리를 걸치고 휘감고 서 있다. 나무 뿌리가 돌틈을 비집고 자라서 담장과 건축물이 무너진 곳이 대부분이다. 무시 무시한 돌담과 석조각물들이 허물어진 폐허의 숲속이다.

돌과 나무가 경쟁하는 가운데 어우러진 인공축조물은 폐허가 되어가고 자연 밀림은 왕성하게 자라나는 광경이다.

해지기 전에 바켕 유적지로 향했다. 버스에서 내려서 벌판 가운데 우뚝하게 솟은 작은 돌산에 계단을 걷고 걸어서 올라갔다. 산 정상을 모두 사원으로 건축하였다는데 아직도 사방에 작은 탑과 중앙에 큰 탑사원이 있다.

여기에서 사방으로 보니 앙코르 유적에는 평원과 밀림과 들판이 보인다.

석양의 노을빛이 아름다워서 일행과 관광객이 모두 노을과 탑을 촬영하기에 바빴다.

이튿날 앙코르 와트 사원에 갔다.

흐름이 멈춘 강물 위에 돌로 짜여진 교량을 건너서 거대한 사원, 거대한 궁전이 보인다.

중앙에 높이 솟은 대장 탑 모양의 궁전이 있고 사방에 같은 모양의 탑 사원이 버티고 있다.

초등학생 또래로 보이는, 런닝과 팬티만 걸친 채 새까맣게 그을린 맨발의 어린이들이 '웰 캄 생큐.' 하며 다정한 어조로 우리 일행에게 접근한다.

안내자의 말에 의하면 이곳 소년들은 이유없이 돈을 달라고는 하지 않고 가방을 들어 주고 사진을 찍어 주는 등의 시중을 들어주고 나서 봉사료 조로 돈을 얼마씩 달라고 요구한다는 것이다. 그러면서 스님들께서도 이곳 소년을 하루 시자로 두시고 1~2달러만 주면 된다고 했다.

불교의 인과법을 존중하고 불로소득을 바라지 않는다는 정신이 살아있는 것으로 보인다.

그러나 시자를 자청하는 소년이 따라가다가 경비 경찰관을 만나자 빨리 달아나 버려서 우리에게 불쾌한 인상을 주었다. 경찰은 구걸 행각을 하지 말라고 단속한다는 것이다.

앙코르 와트 사원은 사방에 인공으로 파낸 강물이 있고 그 속에 한 변이 100미터도 넘는 직선으로 이어진 돌집 속에 방이 줄지어 있는데 이런 석조물이 사방으로 둘러서 있다.

석실로 줄지어 담장을 이룬 중간의 거대한 탑 아래 대문간을 지났다. 좌우로 초원이 펼쳐진 가운데 난간이 있는 돌 길을 지나서 근본 건축물로 들어섰다.

밖에서 보기에는 사방에 난간이 있는 거대한 사각형 기단위에 사방으로 돌 궁전이 이어져 있다. 네 모퉁이 마다 건엄하고 거대한 인물이 사방을 굽어 보는 인물상의 탑이 우뚝우뚝 솟아 있다. 한 머리통에 얼굴이 사방으로 하나씩 있어서 이것을 사면불(四面佛)이라 부른다.

중심에도 거대한 인물상(불상)이 하늘을 찌를 듯이 높이 솟아 있다. 일행은 건축물 안으로 들어갔다. 즉 거대한 불상이 앉아 있는 밑으로 들어갔다.

수십 미터의 길이와 5~6미터 높이로 석벽이 장엄하게 펼쳐지는데 벽 전체가 정교하고 섬세한 조각 작품으로 장식되어 있었다. 벽은 쌓아 올린 수톤 무게의 큰 바위가 차근차근이 쌓여 있는데 바위끼리 연결한 부분이 종이 한장 들어갈 틈도 없이 정교하다.

큰 바위 자체에다 시바신, 비슈누신을 비롯한 인도 힌두신앙의 신들과 왕의 행렬, 천녀들의 모습 각종 짐승, 꽃 등등 신과 사람과 자연을 총망라한 상을 아름다운 미술 조각으로 새겨 놓았다.

과연 사람이 이렇게 거대한 일을 했을까?

분명 사람이 했을 것인데 얼마나 많은 사람이 동원되고 얼마나 많은 장인(匠人)과 장비가 동원되었을까?

　상상을 불허할 만큼 장대한 규모의 구조물 앞에 모두들 말문이 막혀 버렸다. 그러므로 앙코르 와트 유적을 세계의 불가사의라고 말했으리라!

　건축에 쓰여진 돌들은 수백 리 밖에 있는 것을 코끼리를 이용해 싣고 왔다고 전해진다. 그리고 코끼리상도 여러 곳에 보인다.

　거인이 우뚝 앉아 있는 모습의 돌탑 속에 궁전이 있다. 조성 당시에는 그때의 왕이 돌아가신 부모님을 모시기 위한 궁전이고 그 옆의 큰 돌 궁전은 자신의 사후에 묻힐 궁전으로 조성하였다고 하는데 그 왕은 이렇게도 무궁무진하게 돌을 다듬어서 궁전을 짓느라고 왕실과 나라가 멸망했다고 한다.

　그 후 태국의 왕이 지배하면서 앙코르 궁전에 부처님상을 모시고 사원(寺院)이 되었다고 한다.

　지금도 중앙 석실과 그외 중요한 공간에는 불상이 모셔져 있고 향 피우고 참배한다.

　앙코르 와트 사원은 그 자체가 정교한 솜씨로 빚어낸 조각품이다. 사람 키보다 훨씬 큰 바위를 마음대로 주무르듯 약 5~6층 건물 만큼 크고 높은 인물상을 아주 자애롭고 아름다우면서도 위엄있게 조각했으니 설계와 미술, 돌다루기 등등의 기술과 예술적인 솜씨는 현대인도 가히 따라갈 수 없다고 생각된다.

　이곳 평원 밀림 속에 이와 비슷한 규모의 사원이 여러 곳에 있다고 한다. 모두 견학하지는 못했지만 같은 얼굴이 사방으로 보는 사면불이 모든 탑의 상부에 있다. 사면불이 그 당시 사방세계를 지켜

주는 신앙의 구심점이 되었다고 추측해 본다.

이곳 앙코르 유적지는 그야말로 불가사의이다.
캄보디아의 최대 문화재이며 관광수입도 최상이라 한다. 앙코르 사원을 조성한 국왕들은 사람의 양심이 아닌 인간을 초월한 생각이며 국민을 자신의 이용물로 생각하고 부려먹었다는 생각이 문득 든다. 하지만 앙코르 와트 사원은 향후로도 인류의 큰 유산이 될 것이다.
이튿날 톤렛샵 호수로 갔다.

수상촌(水上村)

-캄보디아 톤렛샵에서-

흙탕물 거울에 얼굴을 보고
그 속에 대소변하고 낯 씻고 세탁까지…….

뙤약볕 물바람에 검고 검은 얼굴
그물 잡은 팔뚝에 역동하는 힘줄
생명끈이 질기어 자연속 던져 둔다.

고깃배에도 유람객에게도
천진미소로 손 흔든다
햇살 좋아 물결 좋아 정이 들어서

조각배에 띠움막 짓고…….

벽없는 간단방에 아들딸 줄줄이
망망장단 뱃노래에
한세상이 한가롭다.

* 〈삼귀의〉: '부처님과 부처님 가르침과 스님들을 믿고 의지하고 공경하며 따르겠습니다.' 라는 불교의 기본 예의.
* 〈반야심경〉: 공(空)의 이치(자연법칙)를 관하여 괴로움에서 벗어나고 지혜를 얻도록 설한 경. 불교에서 가장 많이 독송하는 260여 자의 짧은 경.

생활 주변에서 일을 찾자

요즘 우리나라의 학교교육은 지식을 무작위로 암기하고, 말(言)의 정확한 뜻을 배우기보다는 일단 명문대학이나 유망학과에 들어가는 것이 주목적이고, 대학문에 들어가면 취업을 위해 자기전공과 자기 개발에 투자하는 시간 및 자본투자가 개인부담으로 너무 많이 소요되는 등 적지 않은 문제점을 안고 있다.

이러한 문제점은 특히, 사회의 다양성과 전문화 구조 속에 살고 있는 지금 우리나라의 많은 학생(청소년)들에게 탈선과 낙오의 씨앗이며, 그 온상인 것이다. 이러한 것들을 조금이나마 해결하는 방안을 조심스럽게 몇가지 제언한다.

첫째는, 인간으로서 살아가야 할 목표와 자기 인생의 구심점을 정하는 인생관을 정리해야 한다. 그러기 위해서는 학교의 교과과목 만큼 중요한, 즉 내가 무엇을 하면서 어떤 형태의 삶을 살아 갈 것인가를 깊이 생각하고, 나아가 목표를 정하고 또한 희망을 가져야 한다.

사람은 누구나 무한한 능력이 있다. 자신의 잠재력은 깨달음의 씨앗이라고 인류의 스승이신 석가모니 부처님께서 말씀하셨다. 누구나가 깨달음의 씨앗이라는 불성(佛性)이 있는데 이 씨앗은 악함도 착함도 아니어서 명상과 사색을 꾸준한 인내로 조금씩 길러가면 언젠가는 개개인의 특성과 잘 어우러져 큰 그릇이 되고, 마침내는 도인의 경지에 도달할 수 있는 것이다.

인간의 잠재력은 어떤 신이나 절대자가 만들거나 작용하는 것이 아니다. 다만, 성인이나 선각자들이 가지고 있는 지혜와 경험들이 그것을 스스로 일깨우는 데 큰 도움되는 것이고, 인간 자신만이 모든 선택과 판단의 중심에 있을 뿐이다.

신라의 화랑도 정신과 세속오계를 보면 자신과 가정을 잘 지키면서 애국애족하는 길을 잘 제시하고 있다.

나라에 충성하고(事君以忠), 부모에게 효도하고(事親以孝), 친구를 믿음으로 지키고(交友以信), 전쟁에는 물러남이 없고(臨戰無退), 살아 있는 생명을 해칠 때는 엄중히 가려야 한다(殺生有擇).

현대의 청소년도 신체상 편리함이나 교과 점수에 심각하게 얽매이지 말고, 화랑오계의 정신으로 자신을 잘 가꾸어야 한다. 그래야만 의리심과 협동심이 자라서 대우받는 훌륭한 인격자가 될 것이라 믿는다.

둘째, 자기의 개성과 소질을 찾아내고 개성을 키우면서 익혀 나가도록 해야 한다. 자신의 가능성을 찾아 개발함으로서 공부나 모든 일에 자신감을 가지고 적극적인 생활을 하며 불안이나 좌절감 없이 희망을 가지고 성장할 수 있다.

그 실천 방안의 한 부분으로서 자연을 접하고 적극적인 생활을 항상 한다면, 분명 그 보람과 기쁨을 느끼게 한다.

저녁식사를 엄마가 지어 주면서 '밥 먹고 빨리 책상 앞에 앉아라.' 하지 말고 칼국수나 만두를 자녀와 같이 만들어 먹고, 라면과 빵 등 인스턴트 식품으로 빨리 해결하여 공부를 더시키는 것보다 머리를 식히고 자연과 접하고 일을 체험하게 해야 한다.

가까운 산에 아침이나 오후에 등산을 가서 운동과 자연관찰을 한다. 옥상이나 현관 앞 또는 마당에 화초, 채소, 분재라도 가꾸면서 매일 등하교 시간에 틈을 이용해 물주고 가꾸면서 관찰하게 한다든지 부엌 설거지, 집안청소, 골목청소도 어머니와 학생이 같이 하고, 방학 때는 일손이 부족한 농촌이나 자영업을 하는 분들의 일터에 보내서 노동을 하면서 힘겨움도 참고, 노력의 기쁨도 느끼면서 학교 성적이(좋으면 다행이지만) 좋지 못한 학생도 자신의 심성을 바르게 가꾸어서 삶의 지혜와 자아개발의 길을 찾게 되면, 원하는 대학에 가지 않아도 평생을 보람되게 살 수 있다는 자신도 기를 수 있다.

이렇게 모든 부모나 학생이 생산적 일이나 취미 활동의 일이나 노력 봉사라도 할 수 있는 것을 최대로 찾아서 적극적으로 한다면, 주부들도 보람과 긍지를 느끼고 청소년도 건전한 사고와 행동이 되고, 사회 범죄나 학원 폭력도 없고, 내일의 사회도 안정되게 발전할 것이라 확신한다.

독화살을 뽑고 치료부터

외화가 바닥나고 돈을 빌려 쓰는 대가로 우리 경제가 IMF 체제의 통제를 받으면서 자율성을 잃고 종금사가 통제받고 일부 은행까지 위험하다고 하니 참으로 딱한 일이다.

본인은 전쟁이 날 위험성은 있어도 은행이 망한다는 생각은 하지 못했는데 이 무슨 날벼락인가?

부처님이 아난존자에게 "어떤 사람이 독화살을 맞고 쓰러져서 피를 흘리며 생명이 위독하다면 너는 그 사람에게서 독화살을 뽑고 의원을 불러 치료를 먼저 해야 되겠느냐? 아니면 그 독화살을 뽑지 않고 누가 쏘았느냐, 무엇 때문인가, 원한인가 실수인가 하는 조사부터 먼저 해야 되겠느냐?"

아난존자는 대답했다.

"마땅히 독화살을 먼저 뽑고 치료부터 해야 합니다."

이에 부처님은 말씀하셨다.

"옳은 말이다. 생명이 위독한 사람에게는 먼저 생명을 건지도록 치료부터 해야 하느니라."

요즘 우리나라 경제도 마치 독화살을 맞아서 비틀거리는 사람꼴이 되었다.

이럴 때 누구의 잘못인지는 다음에 논하고 우선 위기를 극복할 대책을 먼저 마련해야 한다. 그리고 난 연후에 원인 분석과 책임소재를 논의하여 문책도 하여야 할 것이다.

먼저 독화살을 뽑고 치료부터 해야 한다는 부처님 말씀처럼 우리 국민 모두가 경제위기 극복을 위하여 근검 절약하고 정부는 총력을 기울여 대책을 마련, 시행하고 국민 각자는 외국여행을 자제하고 외제품이나 양주, 양담배는 사지도, 먹지도 말고 에너지도 절약하는 등등으로 경제 살리기에 적극 동참하여 위기를 극복하고 다시 나라를 안정시키고 경제 발전을 이룩해야 하겠다.

부처님과 대화하자

사람들이 살면서 어려움이 있으면 속히 해결되기를 바라고 평소에도 번뇌나 마장 없이 편안히 살기를 원한다.

그런 원을 이루는 길이며 진리이며 방법이 불교를 믿고 행하는 것이요, 그 중에서도 부처님 자비와 위신력을 믿고 의지하는 염불 부분을 말씀드리고자 한다. 〈법화경〉 관세음보살보문품에 '관세음을 생각하면 중생들이 곤액과 핍박을 받아 한량없는 괴로움이 닥치더라도 관세음의 미묘한 지혜의 힘이 세상의 모든 고통 구해 주나니.'라고 설하셨고 〈천수경〉에는 '천수천안(千手千眼, 천의 눈 천의 손) 갖추시어 세상을 관함이 자재하신 보살'이라 하셨다. 천의 눈이란 사람 살덩이 눈이 천 개가 있다는 것이 아니라 어디든지 언제든지 관찰하시는 위신력이 있다는 뜻이요, 천의 손은 천 개의 팔과 손이 붙은 해괴한 몸이 아니라 어떤 어려운 일이든지 해결하고 누구나 구제함에 자유자재하시다는 뜻이다.

우리들 마음에 이렇게 관찰과 구제가 자재하신 관세음 부처님을 꼭 만날 수 있다는 확신이 진정한 신앙이요, 또한 그 부처님께 지금 당장에 내 앞에 나타나셔서 나에게 타일러 주시고 그릇된 사견을 바로 깨우쳐 주시고 소망을 이루어 달라는 바람으로 간절히 생각하고 입으로 '관세음보살'이라 부르면서 염불하면 걱정이 사라지고 마음이 안정되고 정신이 맑아지고 더욱 간절하게 열심히 하면 꿈 속에서나 비몽사몽 간에 부처님을 만나 말씀을 듣고 대화를 나눌 수도 있다. 이렇게 염불정진을 하여 현몽이나 계시를 받으면 걱정이 소멸되고 업과 소망에 따라 멀고 가까운 차이는 있어도 소원이 성취되는 것이다.

그러나 이러한 현상이 완전한 수행의 결실은 아니며 완전한 증득도 아니다. 이는 수행 과정의 한 부분이며 고뇌해결과 소망성취의 한 방편이기도 하다.

그러므로 이런 현상으로 자만심에 빠지면 잘못이다.

또 다른 염불의 방법은 부처님을 생각한다 해도 잡념이 일어나고 평소 생활 속에 있는 일들이 떠올라 여러 생각이 복잡해지는 경우이다. 대부분의 사람들이 그러하다. 이러한 잡념은 무작정 없애려고 애쓰는 것보다 좋은 일의 생각이나 나쁜 일의 생각도 모두 부처님께 말씀드리고, 원망도 부처님께, 한탄도 부처님께, 참회도 희망도 구함도 고마움도 좋은 구상도 모두 다 부처님께 말씀드리며 부처님과 대화를 해야 한다. 그러면 내 생각이 자연히 부처님과 가까워지며 차츰 맑은 마음 편안한 심정이 된다. 이것이 자신의 생각을 조복받는 염불 방법이니 이렇게 부처님과 대화를 자주하여 번뇌를 이기고 자신을 편안하고 슬기롭게 하자.

-불교방송 94. 6. 24.〈진리의 수레바퀴〉

소리 없음도 듣고 형상 없음도 보자

햇살이 따뜻해지면서 산야는 더욱 푸르게 짙어지고 들판에는 모내기가 한창이니 자연의 섭리는 어김없고 뿌린 대로 거둔다는 것을 가르쳐 준다.

보도 매체마다 사정(司正)의 파도소리가 요란하니, 뇌물 먹으면 처벌 받고 권력을 휘두름도 오래 가지 않음을 보여 준다.

부처님 교훈(因果法)이 더욱 실감나게 느껴지는 현실에 누구는 청렴 근면하고 누구는 법망도 피하고 양심도 속여 치부했다는 등등의 타인들 이야기로 자기 시간을 허비하지 않는가. 권력의 회오리에 떨어지는 낙엽을 감상하며 공연한 쾌감에 빠지지 말고 자신을 다시 돌아보는 기회로 삼자

부처님께서는 마땅히 보아야 할 것과 보지 말아야 할 것을 잘 구별하고 생각할 것과 생각하지 말 것을 잘 가려야 슬기로운 사람이라 하셨다.

우리 생활 주변에 친지나 동료 이웃에 대한 허물이 들리면 사실 여부를 직접 확인도 아니하고 옆사람에게 옮긴다. 이렇게 되면 자

신을 좀먹고 특정인을 수렁에 빠뜨리고 사회를 병들게 하는 것이니, 소문의 장본인과 진상을 알아서 해결할 일이 아니면 보이거나, 들리더라도 못 보고 못 들은 체 해야 한다.

그래서 '입은 재앙의 문이니 엄히 지키라(구시화문 필가엄수 : 口是禍門 必可嚴守)' 라고 조사(祖師)께서 말씀하셨다.

자신이 얻은 생활의 지혜나 다같이 이로운 정보임에도 보고 들은 대로 옮기지 않은 사람도 있다.

하지만 이로운 정보나 지혜는 본 대로 아는 대로 널리 알려서 실천하는 것이 보시(布施)요, 베풂의 공덕이요 사회를 복되게 하는 것이다.

또한 더불어 사는 사회에서 가정사나 직무나 사업에서 지금 당장 보고 듣는 것으로 판단하거나 일을 할 것이 아니라, 내가 하는 일의 과정과 여파와 결과를 잘 생각하고 주변 사람의 고충과 소망이 무엇인지 이 다음의 일이 어떻게 될 것인지도 잘 살펴야 한다.

'소리 없음도 듣고 형상 없음도 보라(청어무성 시어무형 : 聽於無聲 視於無形).' 는 말씀이 있으니 이렇게 더 깊이 더 멀리까지 관찰함이 현실의 지혜요 덕망의 길이라는 것이다.

보고 듣고 행할 것 무엇이며
보고 듣고 참아야 할 것 무엇인가
잘못 전한 말 한마디 재앙이 되고
진실한 말 고운 말에 화목복락 이룬다.
같은 말 같은 사고 당해도

그만하기 다행이라 하는 이는 안락의 나날이요.
왜 이렇게 잘못되었나 원망 한탄하는 이는 고통의 나날이다.
이를 두고 '모든 것은 마음이 짓는다(一切唯心造).'라고 하더이다.

때때마다 안락(時時安樂)

금은보화 소중한가
벼슬권력 귀중한가
무엇보다 소중한 것 생명이 최상이라

생명은 우주 안에 내 생명은 우리들 속에
내 생명 귀중하듯 타 생명도 귀중하다.
생명의 질서 속에 내 마음 찾고
생각 흐름 관찰하여 마음 다스려 행동하면
귀한 생명 잘 가꾸어 모두모두 행복이라

순리따라 현실에 만족하면
우주법칙 따름이요
심신(心身)의 안녕이요
가정은 밝아지고 나라는 평안하다.

모든 것 다 변하는 법칙 이 몸도 환경도
아니 변함이 없어라(제행무상:諸行無常)
모두모두 인연따라
서로서로 의존하니(제법무아:諸法無我)
내 것이 무엇이며
내것 네것이 어디 있으리오.

부처님께서 일러 주신 이 도리를 체달하면
만물의 근원 알고 만생명을 구원하여
때때마다 안락이요 곳곳마다 정토로다.

부인의 코를 잘라서

지난해 봄날 승랍이 십 년이 안 된 사제가 찾아왔다.
"사형님 잘 계셨습니까?"
"잘 오셨소. 공부에 어려움은 없소?"
"아이구 사형님요, 대학공부 좀 하려고 하니까 보통 힘드는 게 아닙니다."
그는 은사 스님에 대한 섭섭함도 말하고, 종단이 하는 일이 기대에 어긋난다는 등등 불만을 토로하면서 승려로서 생활하고 공부해 가는데 주변 사람의 후원이나 관심이 부족해서 힘겨운 점을 모두 털어놓는다.
내가 보기에 사정이 딱하기도 하고 답답해서 그에게 이야기를 하나 들려 주었다.

옛날 어떤 남자가 결혼을 했는데 부인이 미인이라서 입술도 예쁘고 반달 같은 눈썹, 복숭아 같은 볼에 귀까지 잘생겨서 좋은데 그 중에 코가 보기 흉하게 생겼다. 남편은 밥때마다, 일터마다 부인의 코를 보면서 '어이구, 저 못생긴 코, 밥 맛 떨어진다. 저 코만 아니면 내 각시가 최고로 예쁜데. 어이구, 저 코만 바꾸면 얼마나 좋을까.' 하면서 날마다 때마다 푸념과 한숨을 지었다.

그러다가 남편은 어느 날 칼을 슥삭슥삭 부지런히 갈아 예리하게 칼날을 세웠다. 그리고 그 칼을 가슴속에 감추고, 사람들이 많이 모이는 시장에 갔다. 오가는 여인들을 살피고 있는데 코가 예쁘게 잘생긴 여인이 보였다. 그 여인에게 살금살금 다가가서 갑자기 칼로 여인의 코를 싹뚝 잘랐다.

코가 잘린 여인은 "아이고 내 코야! 사람 살려요!"라고 비명을 지르며 쓰러졌다. 여인의 온 얼굴과 길바닥이 붉은 피로 물들었다.

그런데도 이 남자는 이제는 내 소원을 이루게 되었다고 중얼거리며 다리야 날 살려라 하고 달려서 집으로 돌아갔다.

"여보 여보, 빨리 나와 보오!"

황급히 부인을 불러 부인이 자기 앞에 얼굴을 내밀자 남편은 재빠르게 부인의 코를 자르고 손에 쥐고 온 다른 여인의 코를 금방 붙였다. 그리고는 박수를 치면서 '내 각시가 최고로 예쁘다!'라고 외쳤다.

그러나 코가 잘린 그의 부인은 피를 쏟으며 쓰러졌다.

"이것이 〈백유경(百喩經)〉에 나오는 이야기인데요. 이 부인의 코가 예쁘고 좋은 코로 바뀌어서 잘 살겠소? 아니오 병원에 입원 치료했거나 죽었겠지요. 맞아요. 죽거나 고생을 많이 하겠지요, 이 남자는 부인의 얼굴이 다 잘생겼는데 코만 바꾸겠다는 욕심이 큰 사건을 저질렀지요. 은사 스님이 사제에게 섭섭하게 냉정하게 하신 점도 있겠지만 은사 스님이 다른 스님보다, 지혜롭고 좋은 점이 많으니까 사제도 은사로 택하여서 우리 식구가 되었겠지요."

"예, 스님. 저도 은사 스님께서 좋은 점도 많고 유명하신 분이라는 것도 알고 있습니다."

"저 역시도 은사 스님으로부터 차고 냉정한 대접을 받기도 했으며, 서운함을 느낀 적도 몇 차례 있었어요. 그러나 그것은 모두 상대적일 것이오. 내가 지속적으로 효상좌 노릇하고 은사 스님의 뜻을 잘 헤아렸다면 그런 상황이 없었겠지요. 상대적인 것도 알아야 하지만 그 보다는 나는 은사 스님께서 엄격한 교훈도 주시고, 사랑과 자비로 보살펴 주셨던 점을 깊이 생각하고 또한 상좌 한 명 한 명은 다 보살피시지 못하지만 불교계에 중대한 역할을 하시고, 다른 스님이 미처 하시지 못하는 전통문화 계승·발전의 일들도 하시는 등등의 좋은 점을 생각하고 살아 간다오."

그렇다. 누구나 가까운 사람이나 소속 단체나 직장, 가지고 있는 물건이 장점도 단점도 있다. 그렇지만 장점으로 단점을 보완할 수 있다면 단점을 잊고 장점을 부각시켜 생각하고 살아가야만 소중한 인연도 잘 가꾸고, 편한 삶을 살아가고, 가정도 화목할 것이다.

흙하고 나하고

　몇년 전에 절 건너편 묵은 논을 풀 베고 갈아서 신도들에게 취미 생활 농장으로 20평에서 50평씩을 분양해 주었다. 나도 사찰 대중의 협력을 받으면서 300여 평의 채소농사를 지었다.
　특히 아침에 농장에 나가서 경운기로 밭을 갈기도 하고 괭이나 호미로 작물을 가꾸는 일은 육체 운동이 되어 식욕도 좋고 마음도 상쾌했다.
　또한 어릴 때 농작물을 가꾸던 추억을 살리고 꿈을 가꾸는 느낌이며 사내(寺內) 식구와 신도들에게 신선한 채소를 공양 올리면서 가끔은 자랑도 했다.
　그런데 이 '심경 농장'에서 깊은 뜻과 감동적인 화제가 있다.
　인근 마을의 여성 불자가 20평의 농지를 분양 받아 각종 채소를 정성껏 가꾸고 율무를 심어서 알뜰히 수확한 후에 율무 일천 알을 줄에 꿰어서 만든 천염주(千念珠)를 두 벌이나 만들어 정토사 법당에 올렸다. 참으로 고맙고 기특하여서 칭찬과 격려를 했다.
　이 분의 또 하나 미담이 있다.

절에서 분양해 준 심경농장 옆에 아직도 잡풀이 사람 키만큼 빽빽이 우거진 묵논이 있었다.

염주를 만들어 왔던 그 분이 이듬해 겨울에 비내리는 날을 제외하고는 매일같이 묵논에 풀을 베고 풀뿌리는 괭이로 파면서 땀을 흘리고 피곤한 몸으로 집에 와서 밥짓고 빨래하고 청소하며 남편과 자녀의 뒷바라지도 부지런히 했다.

그러다 보니 저녁에 피곤한 기색에다 잠자리에서 끙끙 앓기도 하니 남편이 걱정스러운 나머지 물었다.

"여보, 집안일이 그렇게 힘드오? 아파트라 청소하기도 편하고 집안일도 많지 않을 것 같은데 왜 그렇게 피로해 보이는 거요? 혹시 건강이 나빠서 그런 게 아니오?"

남편의 걱정스런 물음에 그 부인은 고개를 흔들었다.

"아니 건강에 문제는 없어요. 그리고 낮으로 체조나 운동을 약간 할 뿐이에요. 걱정 마세요."

비록 남편에게 묵은 밭을 일군다는 이야기를 바로 하지는 못해서 마음 속으로 미안해했다.

그러나 떳떳하고 양심에 가책은 없었다.

'풀을 베어서 한 줌 한 줌 쌓아 모으고, 풀뿌리를 파면서 힘든 삽질과 괭이질을 하지만, 체중 줄이는 헬스 클럽에 가는 것보다 좋다. 헬스에 안 간다 해도, 이웃과 어울려서 잡담하고 여자들이 어울려 다니며 커피나 밥이나 사먹고 교통비 써가면서 남편이 애써 벌어준 소중한 돈을 소비할 것이 아닌가?

또한 남의 찬반 장단을 이야기하다가 구설수에 올라 고심하는 주부들도 있지 않는가. 또 어울려 화투놀이를 하다가 언쟁이 생기기도 하던데 이런 잡사와 근심에 전혀 관계없이 떠나서 새봄에 가꿀 농작물과 채소의 탐스런 모습과 나날이 성장하는 모습을 그리며 흙은 참으로 듬직하고 정직하고 희망과 용기를 주고 말없이 사람을 편하게 사랑하여 주는구나!'

묵은 논을 수십 평 일구어서 호박도 심고 배추, 상추, 시금치도 심고 콩, 가지, 고추 등도 심었다. 그리고 산에서 낙엽을 약간 모으고 음식 쓰레기를 청소차에 보내지 않고 모아서 퇴비를 만들어서 농장에 주었다. 그리고 일체 화학비료도 쓰지 않고 농약도 뿌리지 않고 가꾸었다.

'이렇게 가꾸어서 수확량은 좀 적지만 부처님께 올리고 가족들 밥상에 올리니 이보다 더 좋은 식품이 어디 있겠는가. 내 현실에 이보다 더 좋은 일이 있으랴! 이번 겨울 흙사랑에 빠져서 참으로 보람을 느낀다. 이런 기회와 터전을 제공한 스님께도 새삼 감사를 드린다.'

이런 이야기를 들려 주는 부인의 입가에는 미소가 잔잔했다.

부인은 그후로도 가끔씩 고추, 가지 등 싱싱한 채소를 절에 보시하기도 했다.

자연과 친해지는 정서 순화로 마음이 편해지고 농작물을 가꾸는 정성과 노동의 기쁨을 만끽하면서 조용히 보람과 인생을 가꾸는 그 불자가 참으로 대견하고 아름답게 보였다.

똥 싸서 위안하다

조선 말엽에 있었던 일이다.

어떤 고을에 이생원이 살았다. 그는 임금님께 진상해 올린다는 맛 좋은 하동 김을 팔려고 한양 천릿길을 가는 중이었다.

얼음이 풀린 화창한 봄날이었다.

산 고개를 넘다가 이생원이 일행의 상인들과 함께 잔디밭에 짐을 내려놓고 지친 몸을 쉬는데, 맞은편 산에 이제 막 매장한 작은 묘지가 있고 그 앞에서 한 여인이 슬피 울고 있었다.

"아이고 아이고 내 새끼야! 이제 가면 언제 오나. 나를 두고 먼저 가면 이 어미는 어쩌라고. 아이고 아이고!"

그녀는 그칠 줄 모르고 통곡하는 것이었다.

이 모습을 본 사람이 말했다.

"참으로 안타깝구먼. 부모 앞서 죽는 자식은 원수라지."

그때 다른 사람이 말했다.

"저 슬픈 여인을 우리가 달래 주고 갔으면 좋겠네만……."

"이 사람아, 자식을 잃은 슬픔을 우리가 어떻게 달래 주나? 어림도 없는 소리지."

그들의 대화를 잠자코 듣고 있던 이생원이 말했다.

"달래다 뿐인가. 웃길 수도 있지."

"뭐? 이 사람아, 부모가 돌아가시면 산천에 묻고 자식이 먼저 죽으면 가슴에 묻는다고 하는데 어떻게 웃기나. 당치도 않는 말 하지도 말게. 헌데 자신은 있나?"

"자신 있지!"

"정말 자신 있어?"

"자신 있고 말고."

"이생원이 저 여인을 웃기면 우리가 막걸리 한 말 사서 거나하게 먹어 보세. 그 대신 못 웃기면 이생원이 사야 하네."

"웃길 자신 있으니 내기 하세. 내가 지면 꼭 막걸리 한 말 사겠네. 사구 말구."

그리고 이생원은 여인이 울고 있는 묘지 앞 축 밑으로 살금살금 다가갔다.

여인은 아직도 곡을 하며 흐느끼고 있었다.

"내 뱃속 고이 자라
세상빛 본 지가 두 해도 못 되어
이 어미 등지고 저 세상 간다니
망개를 따먹어도 이 세상이 낫다는데
아이고 내 팔자야 엉엉……"

이때 이생원이 묘지 축대 밑에 바짝 다가가서 살며시 바지를 벗고 똥을 한 무더기 싸놓고는 대사를 읊조리며 울어댄다.

"아이고 아이고 아까운 거
어쩌다 하필이면 여기서 이별인고

모락모락 김도 나고
꼬불꼬불 예쁜 몸매
혼자 두고 어찌 가나
너를 두고 어이 가리

아이고 아이고 설운지고
내 뱃속에 고이 두고
따뜻이도 품었는데

세상 본 지 잠깐만에
바람 쏘인지 금방인데
아까워서 어이하나
억울하고 원통하다

아이고 아이고 이내 신세!
네가 좋아 배에 차고
네 힘으로 뱃심으로

걷고 걸어 돈 버는데
오늘 이별 하직하니

다시 볼 날 언제던가?
절통해서 못 살겠네
애고애고 어이어이……."

이생원은 그 여인보다 더 슬픈 어조로 신세한탄을 하며 울었다.
여인이 울면서 그의 사연을 듣다 보니 하도 어이없어 울음을 멈추고 웃음을 터뜨리고 말았다.
그리하여 이생원 일행은 막걸리를 사서 유쾌히 한바탕 잘 먹고 잘 쉬었다.
참으로 절묘한 임기응변이다. 그보다 중생의 근기를 알고 적절한 처방을 하는 지혜이다.
더욱이 그는 권위도 체면도 가식도 모두 벗어 놓고 자신을 던져서 위안을 했다. 순수한 인간성의 아름다움이다.

제4부 무소유의 기쁨

해부 현장/즉효 처방

부정타는가?/교육부 장관이 된다면

무소유의 기쁨

분별심을 이기고/거짓말요리/똥파리가 돈파리로

기도 영험/성냄을 이기는 방법/포교의 공덕/심경농장(心耕農場)

육법공양 발원문(六法供養 發願文)

네 가지 즐거움과 현실

두려움 없는 큰 희사/탐욕심을 이기는 방법

남녀 평등/두 번째 화살을 맞지 말라 1

두 번째 화살을 맞지 말라 2

해부 현장

여러 해 전에 대구 모 대학 1학년생 세 명이 학교 근처에 방 하나를 얻어 자취를 하며 지냈다.

그런데 그 중 한 학생이 겨울방학 동안 울산의 본가에서 건강하게 잘 지내다가 개학 며칠 전에 신학기 등록을 하러 가서 자취방에서 사망한 사건이 일어났다.

죽은 학생에게서 외상이나 피해의 흔적을 찾을 수가 없어서 사망 원인을 밝혀야 했다.

그의 부모님은 사체를 영안실로 옮기고 본인에게 왕생극락 발원을 부탁하여서 나는 병원 영안실로 가서 정성껏 염불 독경했다.

사후 3일째 경찰이 사인을 조사했는데 겨울방학 동안 자취방을 비워 두었다가 갑자기 연탄을 피워서 연탄가스 중독사의 가능성이 있다고 했다.

또 하나 의문점은 학생이 포경수술을 한 뒤라서 남근(男根)이 아직 부어 있었고 붉은 약품, 붕대 등이 감싸져 있다는 것이다.

결국 경찰과 학생의 부모는 사인 규명 법의학 해부를 하기로 했다. 유가족 중에서는 죽은 원인을 밝힌다고 죽은 이가 살아나는 것도 아니고 시신이라도 온전히 가져가게 하자며 해부를 극구 반대하는 사람도 있었다.

해부 현장에 경찰과 유족이 입회를 해야 한다는데 가족들은 별안간 당한 사별(死別)의 슬픔 속에서 자식의 몸을 칼로 자르고 주무르는 참혹한 모습을 볼 수가 없었다.

"죄송하오나 스님께서 가족을 대신하여 입회해 주시면 감사하겠습니다!"

결국 사정상 내가 해부 과정을 지켜보게 되었다.

모 대학병원 내 어느 수술실의 넓고 딱딱한 탁자 위에 사체를 올려 놓고 해부를 시작했다.

내부 장기를 하나하나 만지고 주무르고 헤치면서 설명하는 의사가 있고 열심히 보고 듣고 질문까지 하면서 기록하는 사람도 여러 명이었다.

마치 돼지를 잡는 것처럼 해부는 거리낌없이 진행되었다.

이 비통한 광경을 지켜보기에는 너무나 가슴이 아프고 힘겨웠지만 그렇다고 그 현장을 떠날 수도 없었다.

승려로서 '대중 교화(大衆教化)하는 것이 각양 각처에 맞게 대처하고 일반인이 할 수 없는 일까지 하는 것이 부처님의 제자요 부처님 일꾼이겠지.' 하는 생각으로 스스로를 위안하였다.

그리고 지장보살을 소리나지 않게 계속 염송하며 "영가와 유족의 업장이 소멸되게 하소서. 부디 이 일로 인하여 가족이나 관련인들이 시비와 원한이 없게 되고 영가는 이고득락(離苦得樂)하소서." 라고 기도 발원을 계속했다.

해부가 시작된 지 한참 후에 심장의 혈액을 채취하여 일산화탄소의 농도를 정밀 분석한다고 했다.

그런 후에도 두개골까지 조사를 하였다.

'왜 다시 살아날 수도 없는데 해부를 해야 하나? 순전히 생존자 중심으로 판단하고 실행하는구나. 책임을 누가 지나? 보상이라도 있을까?'

하도 억울하니까 원인이라도 확실히 알고 싶은 안타까운 심정에서 그랬겠지만 슬프고 괴로운 일이었다. 하지만 이해는 되었다. 또한 생명의 존엄함과 법질서의 준엄함도 일깨워 주었다.

죽은 학생은 공부도 잘하는 편이었고 근면 착실했다고 한다.

그런데 신학기 등록하러 올라온 같은 방에 거처하는 두 학생은 등록 후에 바로 집으로 돌아왔다. 죽은 학생만이 포경 수술을 하고 피로하니까, 또는 어른들께 수술 사실을 알리지 않고 자신이 스스로 치료 안정하려는 뜻으로 본가에 가지 않고 방학 동안 비워 두었던 자취방에 연탄불을 지피고 자다가 변을 당했다고 추정되었다.

학과 공부도 남과 같이 해야겠고, 신체도 보다 좋게 남성답게 해야 한다는 마음에서 그렇게 한 행동이었다.

타인에게 피해를 주는 죄도 아니요, 실현이 불가능한 헛된 욕망도 아닌데 주거 환경의 허점으로 목숨을 잃게 된 것이다.

크게 보면 인연법이며 운명이다.

또 한편으로는 완전하고 완벽한 사람이 속히 되고자 한 것이 학생의 간접적 사인이라는 생각이 들었다.

나는 이 일을 겪으면서 해부 현장을 지켜보는 것과 같은, 견디기 힘든 과정이 있는 반면에 승려로서 많은 사람의 애사(哀史), 중요한 고뇌, 갖가지 경계를 만나면서 인연따라 삶의 공부를 하고 현장 체험으로 지혜가 늘어가는 것을 체득했다.

즉효 처방

어느 해 봄, 새벽 1시경에 전화가 걸려왔다.
초등학교를 같이 다닌 고향 친구인데 그 친구의 모친께서 정신이 이상하시고 헛된 말씀을 하셔서 급한 김에 전화를 했다고 한다. 어떻게 조치를 할 수 없느냐고 하며 전후사정도, 절의 규칙도 모르고 어머니를 절로 모시고 오겠다는 것이다.
나는 친구의 청이 하도 간절하여 무작정 모시고 오라 했다.
절에 도착한 친구 모친은 이해할 수 없는 말을 계속하셨다.
"신이고 조상이고 다 나와 봐라. 내가 왜 이래……"
친구가 나를 스님이라고 소개하니 친구 모친은 나를 향해 횡설수설하셨다.
"스님, 부처님, 현수, 아저씨"
친구 모친은 깨끗하고 아무 이상이 없는 방안에서 온 방에 뱀이 우글거린다면서 방구석으로 숨고 계속 헛말을 하셨다고 한다.
"저기 장롱 밑에 뱀이 있구나! 여기 이 책상 밑의 뱀을 잡아라!"
"아유, 징그럽다."

"책상이고 TV고 모두 갖다 버려라!"

"이놈들아 날 이대로 둘 것이냐."

"내 죽는 꼴을 볼 것이냐?"

그렇게 헛소리 계속하시던 친구 모친은 절에 와서는 큰소리로 고함을 치지는 않았다.

나는 바로 '관세음보살'을 따라 부르라 하고 백팔염주를 한바퀴 돌리면서 같이 불렀다.

그런 후에 화엄성중(華嚴聖衆)*을 큰 소리로 따라하도록 하고는 붉은 팥을 던지면서 구병시식(救病施食)* 중의 말미 의식을 하고 다라니를 외었다.

그리고 차근차근히 말을 따라하게 하다가 이야기를 하니 본 정신을 되찾아서 약간의 대화가 이루어졌다.

친구 모친에게 붙은 중음신을 떼어 보내고, 3일간 절에서 나의 지도하에 모친은 기도를 하셨다.

집에서는 모친이 며칠 전 초상집에 조문을 다녀오신 그 후부터 속이 답답하다고 하셔서 근처 약방에서 약을 조제하여 잡수셨는데도 자꾸만 속이 답답하다, 집안이 갑갑하다고 하시다가 어제 초저녁부터 이상한 증세를 보이게 되었다고 한다.

정토사 절 법당에서 매일 다섯 차례씩 그분이 기도를 하는데 절하는 동작이 서투르고 염불 발음이 부자연스럽지만 곧잘 지도하는 대로 애를 쓰며 따라 하시더니 이틀째 기도 날에는 당신이 살아온 이야기를 정상으로 하실 정도로 증세가 나아졌다.

친구의 모친은 시골에서 어렵게 살다가 18년 전에 부산에 와서 남편과 사별하고 여러 자녀들과 살면서 이웃 사람의 권유로 마을 교회에 다녔는데 매주 교회에 가면 친구도 있고, 설교도 듣고 기도를 하면 슬픔과 힘든 것을 이겨 나가는 데 도움이 되었다고 한다.

그러나 아직까지는 성경을 읽거나 전도를 하지는 못했다. 그러던 중 근년에 며느리를 보게 되자 아들 내외가 살림을 맡게 되고 교회나 절에 다니지 않는 것이 좋겠다고 권유를 해서 십여 년 넘게 다니던 교회를 가지 않았다고 한다.

살림을 놓고 나니 몸은 덜 피곤하고 살림 걱정, 돈벌이 걱정은 줄어졌지만 마땅히 같이 놀 친구도 없고 신문이나 책을 읽지도 못하니 취미 붙일 것이 하나도 없어 생활에 아무런 낙이 없어졌다.

그래도 그럭저럭 참고 지냈는데 가끔씩 아들과 며느리가 하는 행동이 마음에 들지 않아도 하고 싶은 말을 참고 견디다 보니 가끔 가슴이 답답하기도 했는데 이런 것이 점점 쌓이고 쌓였다고 한다.

친구 모친은 성경이나 교리는 모르고 맹종적으로 신을 믿기만 했을 뿐 그 속에 어울리던 생활을 하지 못하고 지냈다. 그리고 계속 쌓여만 가는 불만을 억제하다가 자제력을 잃고 중음신에 걸려 헛소리에 고함까지 지르는 광기를 부렸던 것이다. 소위 신들의 장난에 휩쓸려 자신의 올바른 정신을 지키지 못한 것으로 보인다.

자녀들은 모친이 미치광이 정신병자가 되시는 게 아닌가 하고 대격정이었고 이로 인해 온 집안에 비상이 걸렸다.

나는 친구의 모친이 정상을 찾을 무렵에 짧고 외우기 쉬운 '지장보살 멸정업진언 옴바라 마니다니 사바하'를 계속 외우도록 하고 '업장을 소멸하여 맑은 정신 밝은 생활이 되게 하소서.'를 염원하도록 했다. 계속 신앙생활과 기도를 하시되 '자신이 무얼 하나?' '내가 무엇인가?'를 생각하고 내 마음에 부처님이 될 수 있는 씨앗(佛性)이 있으니 싹을 잘 자라게 하여 위대한 부처님 세계에 갈 수 있다는 것을 계속 생각하도록 했다.

그때 쯤에 모친의 얼굴이 밝아지기 시작했다.

"스님, 이제는 가슴에 꽉 막힌 것이 시원히 풀렸고, 마음이 편안합니다."

"부처님의 위력과 은혜를 알았어요. 정말 감사해요."

그런 후로는 아무 이상이 없고 절에도 종종 오시게 되었다. 그 친구와 모친의 감사 인사는 몇 해가 지나도록 받았다.

누구나 청정한 본성이 있고 그 본성을 잘 지키고 가꾸어 가면 맑고 밝은 생활, 건전하고 건강한 자신을 지키고 안락하고 슬기롭게 살게 된다.

* 화엄성중(華嚴聖衆):자연과 사람의 생활 공간을 담당하는 모든 선신(善神)을 총칭하는 말. 즉 온 세상의 각 분야에 능력을 갖춘 좋은 신을 일컫는 말.
* 구병시식(救病施食):병자에게 불교의 법도에 의해 잡신에게 진리의 설법과 공양을 권하고 좋은 세계로 떠나도록 하여 병고와 나쁜 기운이 떨어져서 병을 낫게 하는 의식.

부정타는가?

따르릉 따르릉…….

수화기를 들자마자 절의 신도인 중년의 여인이 바쁘고 진지한 어조로 물어 왔다.

"스님! 아들의 대학 진학을 기원하는 백일기도 중인데요, 딸이 아이를 해산한다는데 가봐도 되는지요? 부정 타겠지요?"

"경사가 나겠습니다. 딸이 해산하면 당연히 도와 주어야 합니다. 부처님 자비는 남이라도 어려움과 고통을 덜어 주어야 하는데 하물며 딸이야 마땅히 도와주어야지요. 부정타지 않습니다. 꺼림칙한 생각이 드시면 관세음보살 염불을 하시면서 모든 것을 보살피시는 관세음보살(부처님)께서 보호해 주시니 아무 해가 없을 것이라 믿고 생각하며 가세요. 그러면 아무런 부정도, 해로움도 없습니다."

"예, 잘 알겠습니다. 스님 말씀 믿고 딸네 집에 갑니다."

이런 전화나 상담이 종종 있다.

어릴 때 할머니께서 하신 말씀이 생각난다.

"초상집에 가지 마라. 부정탄다. 급살병이 날 수도 있단다. 결혼 잔치에도 가면 안 된다. 특히 우리집에서 너희들 모두 건강하고 공부 열심히 잘 하라고 기도하니까 그런 곳에 가면 더욱 안 되지."

그때는 어른들의 말씀을 듣고서 가고 싶어도 참고 견디었다.

요즘 생각해 보니 선인들의 지혜에 새삼 놀라게 된다. 현대 문명이 발달되기 전이라 냉장고가 없었던 그 때에는 초상, 혼사, 회갑 등 사람이 많이 모이는 행사를 앞두고는 음식을 많이 준비해야 했고 그런 과정에서 음식들이 부패 변질되어 식중독을 일으키기 쉬웠을 것이다. 집집마다 냉장고가 있는 요즘에도 잔치음식을 먹고 식중독에 걸리는 사례가 종종 신문 방송에 오르내린다.

예방 접종과 방역이 제대로 안 되어 비단 음식뿐만이 아니라 사람들이 많이 모이는 장소에서 괴질의 전염병이 옮을 수도 있으니 부정탄다고 경계시키는 것이 마땅한 일이었다.

또한 하루 세 끼 제대로 챙겨 먹는 사람이 드문 시절이었으니 어쩌다 맛있는 음식을 보고 마구 먹어 배탈날 염려도 있었을 것이다. 그리고 술 먹고 술주정 부리거나 싸움질하는 사람도 많았으니 경계하는 것이 가족을 사랑하고 지키는 것이었다고 생각된다.

아기를 출산한 집에도 당연히 일곱칠일(49일)이 지날 때까지 금줄을 치고 타인의 출입을 막는다. 이것 역시 유아와 산모를 질병이나 번거로움으로부터 보호하는 아주 합리적인 방법이다.

원래 일곱칠일은 부처님께 7일마다 수명장수 복덕을 빌고 잡념도 없이 기도하는 의식이었다고 전한다.

그러하니 이웃이나 친척집의 출산이라도 함부로 출입하지 말라는 경고로 '부정탄다'는 말이 유래되었으리라 생각된다.

요즘 현대의학의 눈부신 발달로 예방 접종과 방역이 잘 되어 전염병도 거의 없고 남의 집 행사에 술먹고 싸움질하는 사람도 많지 않으니까 부정탈 염려는 없을 것이다.

그러나 많은 사람이 모인 곳에서 인사치레나 하고 겸하여 술과 음식을 마음껏 즐기자는 생각으로 가거나 방심하면 사람도 자동차도 옛날의 전염병이나 호랑이 못지 않게 무서운 세상이다.

인연 깊은 상대방을 진심으로 위로하거나 축하하고 조력한다는 마음으로 가야 한다.

그리고 부처님의 제자이니 부처님의 자비로서 괴로움이나 힘드는 것을 덜어주고 진정으로 사랑하고 위로하여 힘이 되어 주어야겠다는 굳은 신심으로 임해야 한다.

그렇다면 부정도 궂은일도 사고 없이 자비보살행을 행하면서 떳떳이 도리를 다할 수 있는 것이다.

'나지도 않고 없어지지도 않으며 더럽지도 않고 깨끗하지도 않으며 늘지도 않고 줄지도 않느니라(不生不滅 不垢不淨 不增不減)'이라고 하는 반야심경을 외우고 있지 않는가…….

교육부 장관이 된다면

지난 해 여름은 유난히도 무더웠다.

효암여상 불교학생회원 40여 명이 솔바람이 시원하고 향내음 향긋한 정토사에서 3박 4일간 수련회를 했다.

설법, 기도 정근, 바루 공양 등 상당 부분을 내가 맡고 그 학교 지도교사단, 그외 여러 선생님들이 함께 지도했다.

마지막 날 평가회 때 각자 소감을 말하는데 그 중 몇명의 학생이 자신의 소감을 밝혔다.

"새벽 3시에 일어나자마자 계속 서서 지장보살을 부르는데 잠이 너무너무 오고 힘이 없어 쓰러질 것 같았어요. 그래서 가방 메고 집으로 도망치려고 몇 번이나 마음먹다가 스님과 선생님이 두려워서 참았습니다. 한 친구가 염불 정근을 하다가 넘어져서 정말로 두려웠는데 마치고 보니 내 자신이 매우 강하게 느껴지고, 스님의 말씀이 평생 도움이 되겠습니다. 도망가지 않은 게 참으로 다행이라 생각됩니다."

또 다른 학생도 대담하고 진지하게 소감을 밝혔다.

"스님께서 두 번째 화살을 맞지 말라 하셨지요. 살다가 괴로움이 닥치더라도 그 괴로움에 집착 연연하여 2차, 3차 피해를 보지 말라는 말씀이었지요. 그리고 언제든지 갈등과 괴로움이 있을 때 스님께서 대화와 상담을 해 주신다 하신 것은 저희들의 등불이며 보호자가 되신다고 생각되며 그 외에 감명 깊은 것이 많았습니다. 그래서 제가 만약 교육부 장관이 된다면 스님들을 학교 선생님으로, 대학 교수님으로 모셔서 학생을 가르치도록 하겠습니다."

덩달아 다른 학생들도 차례로 소감 발표를 했다.

"어머니의 희미한 불교 의식에 확실히 아시도록 말씀드리겠습니다."

"궁합 이야기가 특히 재미있었습니다."

수련회를 통해 학교와 집에서 접할 수 없었던 귀중한 것을 얻었다는 말들이다. 감수성이 예민한 시기인 고등학생이고 나와 지도 교사들이 땀을 흘리며 밤잠을 못 자가면서 정성을 다하여 열심히 지도한 결실이었다. 참석 학생들은 수련회를 감명 깊은 체험으로 받아들이고 있었다.

수련회는 사찰의 전체 대중과 지도자와 학생이 함께 고생한 보람이 있었다.

그리하여 매주 토요일마다 학생법회가 열리고 철마다 철야 정진이나 3~4일 수련회가 있다.

이런 기회에 학교에서 열등생이라도 건전한 인격을 심고 그들 자신이 자기 일을 당당하게 하면서 사회생활에 자신을 갖도록 해야 할 것이다. 이것이 부처님의 자비요, 승려의 보람이다.

우등생도 더욱 폭넓은 지혜와 원만한 인격을 갖추어 주니 이 나라 일꾼을 사람답게 키우는 데 적게나마 공헌한다는 생각이 든다.

앞으로 열리는 수련회에 더 많은 학생과 지도자가 모였으면 좋겠다.

무소유의 기쁨

　대부분 사람들은 재산을 가지고 있으면서 재산을 더하여 가지려고 애를 쓴다.
　재물은 사람의 삶에 필요하지만 모으는 방법이 정당한가, 정당한 만큼 소유했는가에 따른 가치 기준이 달라진다.
　양심의 설정에 따라 재물은 고귀하고 기쁨을 주기도 하고 굴욕과 고뇌를 주기도 한다.
　부처님께서는 탐욕심은 사람을 망치는 독이 되고 지옥으로 행하는 원인이 된다고 하시며 무소유의 미덕을 가르치셨다.
　2600년 전 석가모니 부처님 당시에 부처의 제자인 '우바리'라는 스님은 들길을 지나다가 우연히 별 생각없이 손에 잡히는 남의 논 벼알 세 낱알을 따 먹었다.
　먹고 나서야 '아차, 죄를 지었고 양심을 속였구나!' 하는 생각이 들어, 참회하고 댓가를 갚기로 작정하고 소로 변신하여 3년 동안 벼알의 주인집에서 일을 해 주었다.
　이것은 부당한 방법으로 재물을 취득한 것이 얼마나 무서운 것인가를 마음 깊이 뉘우치고 실천 수행으로 보이신 것이다.

재물이 필요는 하지만 모으는 방법이 법률적으로 양심적으로 정당하여야 한다. 부당한 재물은 생기더라도 거절, 사양함이 진정한 기쁨이요, 평생 동안의 보람이다. 재물이고 사람이고 가진 만큼 내 마음과 노력을 써 주고 정을 주어야 나를 위해 편리와 정을 주게 된다.

가령 집을 열 채 가졌거나 1백 개의 건물을 소유했다 해도 잠잘 때는 방 한 개밖에 사용할 수 없다. 그러나 각 집마다 각 방마다 가스가 새는지, 물이 새는지, 전기를 누가 어떻게 쓰는지 등등 신경이 쓰이게 된다. 많이 가진 사람일수록 더 많이 신경을 써야 한다.

적게 가질수록 신경 쓰는 일이 적어진다. 육체의 운동을 조금 더 해야 하는 수도 있지만 이 육체 역시 부지런히 움직여 주는 것이 건강하다. 그러므로 최소한으로 소유함이 진정한 기쁨을 누린다.

이 세상 모든 것은 덧없이 변하는 것이며(諸行無常), 모든 생명과 물질이 모두 연계적으로 존재하므로 고립 독존할 수 없다(諸法無我), 이 진리를 제대로 깨우치면 고뇌없이 고요하고 편안하다(涅槃寂靜).

'탐내고 성내고 교만하고 간사함을 모두 버리고 질서와 규범을 지키면서 고요히 명상하고 깊이 생각하면 슬기로운 생활로 보람된 나날 되리라.'

상기의 교훈을 지켜서 명랑하고 정직한 사람, 신용으로 화합된 사회가 되기를 진심으로 기원한다.

-1993. 〈경상라이프〉 종교 칼럼

분별심을 이기고

출가 수행 초년에 지리산 어느 암자에 심부름을 갔다.

새벽에 사천에서 출발하여 오전 10시경에 하동 악양면사무소 옆 버스 종점에 내렸다.

마침 지나가는 그 마을 사람에게 길을 물었다.

"○○암이 어디쯤 있습니까?"

"저기 산꼭대기 조금 밑에 하얗고 조그만 것이 보이지요?"

"예, 보입니다. 그게 절입니까?"

"예, 그곳이 절일 겁니다. 맞아요. 절이지요!"

"여기서 얼마나 됩니까?"

"여기서 십 리 남짓 될 겁니다."

그리하여 마을 사람이 가르켜 준 대로 그 쪽 도로로 가다가 마을에서 다시 물어 절 방향으로 산골짜기에 접어들었다.

12시가 지났는데 골짜기에는 사람이라고는 보이지 않았다. 길인 듯 아닌 듯 떨기나무 무리와 작은 소나무가 가끔 있는 사이로 사람이 다닌 흔적을 따라 무턱대고 걸었다.

한참 만에 저쪽 건너편에서 땔나무를 하고 있는 사람이 보여 곁으로 다가가서 다시 절로 가는 길을 물었다.

"스님, 저 꼭대기의 절에 가시려면 잘못 왔어요. 이 아랫마을에서 좋은 길이 있고 그 마을에 절 주인도 사는데요. 이젠 틀렸으니 저쪽 산등성이로 계속 올라가세요."

그 말에 다시 용기를 얻어 한참을 걷다 보니 코가 땅에 닿을 듯이 가파른 산길이다. 산죽과 작은 떨기나무들이 많은 것을 보니 상당한 고산으로 느껴졌다.

오후 1시가 넘었고 겨울인데도 온몸에 땀이 나고 배도 고파서 더 걸어갈 힘조차 없었다. 할 수 없이 잠시 쉬었다가 한참 걷고, 또 잠깐 쉬고 한참 걷기를 반복했다.

어떻게든 절에 도착해야 점심을 먹을 수가 있을 것이고 책임도 완수할 수 있겠기에 온갖 힘을 다했다.

오후 2시가 지나서야 겨우 암자에 도착할 수 있었다. 마치 힘든 탐험에 성공한 느낌이었다.

그런데 절에는 아무도 없었고 법당문이 잠겨 있었다. 문틈으로 법당 안을 살펴보니 부처님만 계시고 텅 비어 있었다. 법당 뒤에 토굴이 있는데 거기 역시 아무도 없었다. 거기다 시장기가 몰려오는데 먹을 것이 하나도 눈에 보이질 않았다.

동김치라도 한 뿌리 꺼내서 허기진 배를 채워야겠다고 생각하고 장독의 뚜껑을 열어보니 하필이면 된장독이었다.

또 한 독을 열어보니 거기에는 간장이 담겨 있었다. 정말 먹을 만한 것이 눈에 띄질 않았다. 멀리서 하얗게 보이던 건물은 종각

겸 산신각인데 마침 문이 열려 있었다.

산신단에 올려진 사과 두 개와 비스킷 몇 조각이 보여 산신님께 죄송한 마음으로 집어들었다.

'산신님, 부디 배고픈 중생을 용서하십시오.'

그런데 사과를 한 입 배어물자 얼음덩어리였다. 비스킷도 오래 되었는지 푸석거렸다. 하지만 꿀맛이 따로 없었다.

그러나 볼일도 못보고 허탈한 마음으로 마을 쪽 길로 한참 내려 오니 뽕나무밭과 오두막집이 있었다.

주인을 찾으니 얼굴이 새까만 중년 남녀가 나왔다. 놀랍게도 두 사람 모두 눈썹이 없었고 손도 오그라진데다 얼굴이 얼룩얼룩 흉 터투성이였다.

"○○암 주인집으로 가려면 어디로 가야 합니까?"

"스님, ○○암에 어떻게 오셨어요? 여기서도 주인 계시는 마을은 한 시간 더 걸립니다. 점심은 드셨어요?"

"심부름을 왔는데 절에 아무도 안 계셔서 아직 점심도 못먹었습니다."

내 몰골을 보더니 아낙이 권했다.

"스님, 찬밥이 있는데 좀 잡수세요. 찬은 없지만요."

아낙은 암자 주지와 잘 아는 사이라고 하면서 친절하게 나를 대해 주었다. 참으로 서먹하고 으스스하기까지 했지만 내심 배가 고프니 먹고 보자는 생각이 들었다.

"예. 폐를 끼치게 되어 죄송합니다."

잠시 후 아낙이 들고 나온 밥상을 보니 새까맣게 때가 덕지덕지

묻어 있었고 시커먼 보리밥에 된장그릇도 때에 절은 알루미늄 그릇이었다. 그리고 보니 시커먼 그릇의 집합소 같았다. 배추김치를 담은 접시가 그 중에서 조금 하얀 빛이었다.

밥, 물, 된장, 김치를 앞에 두고 잠시 머뭇거렸으나 곧 불안한 마음을 떨쳐버리고 밥을 물에 말아서 된장국과 함께 순식간에 먹어 치웠다.

"감사합니다. 정말 잘 먹었습니다. 안녕히 계십시오. 복 많이 받으십시오."

두 사람에게 인사하고 길을 나섰다. 다행히 해가 지기 전에 암자 주인(주지 보살) 집에 도착했다. 알고 보니 그 절은 주인 집안 사람이나 마을 사람들이 중요한 기도나 연례행사가 있을 때만 주지와 예약을 하고 주인과 가서 불공 기도를 하는 절이었다.

화엄경에는 더러움에 얽매이지 않는 경계를 이구지(離垢地)라 했고 〈유마경〉에는 본래 더럽고 깨끗함이 별개가 아니라 절대 평등이라 했는데 나는 분위기가 으스스하고 눈에 추함이 역력했으니 수행이 부족하여 분별심이 일어났다.

그러나 그 경지를 참고 밥도 잘 먹고 인사도 친절히 했으니 한순간만이라도 이구지의 경지였을까?

더럽고 깨끗함의 분별에 얽매이지 아니한 것 같다. 현실과 형편에 순응해야 하고 더럽다, 깨끗하다, 잘생겼다, 못생겼다의 분별심을 초월해서 한 마음으로 일상생활에 임하면 삶이 편안하다.

거짓말요리

　승가대학을 졸업한 직후인데 금화사 요사채가 도시계획상 헐리게 되어서 대웅전 앞쪽에 다시 크게 짓게 되었다.
　여러 가지로 바쁘신 은사 스님을 도와 드리고 불사에 작은 힘이나마 도움이 되어야겠다는 뜻으로 공사 일을 도와 주며 지냈다.
　어렵게 2층까지 뼈대를 세워놓았을 때의 일이다. 그 해가 박정희 대통령이 서거한 이듬해이고 10.27 법난이 있었다.
　주지이신 은사 스님께서 급하게 총무원의 직책을 맡으시고 나는 어쩔 수 없이 금화사를 지키게 되었다.
　신축 요사채는 상하(上下)층인데 겨우 아래층만 꾸며서 겨울 추위가 오기 직전에 입주하고 위층은 뼈대만 앙상히 서 있었다.
　승려는 나 혼자여서 법당 의식과 대중 관리, 도량 관리를 도맡아 하고 있었다.
　박정희 대통령의 서거와 계엄령 선포, 광주 민주화 운동이 일어나는 등 불안정한 시국이라 시주 약속이 대부분 지켜지지 않았다.
　그 해 겨울, 하루에도 몇 차례씩 찾아오는 분들이 있었다.

"스님, 밀린 벽돌값 받으러 왔습니다. 오늘 잔금 전액 지불이 불가능하면 일부만이라도 좀 마련해 주세요."

"주지 스님께서 수일 내로 오실 것입니다. 죄송하오나 그때까지 좀 기다려 주십시오."

"주지 스님께서는 언제 오십니까?"

"열흘 이내에 오실 것입니다."

"작은 스님, 저희 형편이 매우 어려우니 주지 스님께서 오시면 꼭 좀 수금을 부탁드립니다."

"예. 꼭 잘 말씀드리지요."

잠시 후에 또 다른 손님이 오셨다.

"스님, 오늘 철근값 좀 안 되겠습니까? 직원 월급도 맞추어야 하고 이렇게 수금이 안 되면 부도날 지경입니다. 제발 조금이라도 구해 주십시오."

"죄송합니다. 주지 스님 오시면 돈 준비가 좀 될 것 같습니다. 열흘 이내로 오실 것입니다."

몇 시간 후 삼십대 청년이 왔다.

"주지 스님 오셨어예?"

"아직 안 오셨습니다."

"작은 스님요, 다른 자재값 외상은 좀 천천히 주시더라도 불쌍한 노무자 노임은 빨리 해 주십시오."

"아저씨, 정말 죄송합니다. 며칠만 더 기다려 주세요."

"스님, 저도 노임을 못 받고 돈 떼일까 싶어서 온 거 아니라예. 우리 집사람이 너무 아파서 입원을 해야 하는데 진찰비가 한푼도 없어서 그러는 겁니다. 하다못해 십 만원이라도 구해 주세요."

"아저씨 사정이 너무 딱하신데 어떻게 할 도리가 없군요. 우리도 정부미 한 포대 사다가 겨우 밥만 해먹고 있습니다. 주지 스님 오시면 해결될 것입니다. 조금만 더 기다려 주십시오."

밀린 돈을 받을 사람들이 하도 많이 찾아와서 사정하니 주지 스님께서 열흘 후에 오신다는 보장이 없는데 거짓말을 했다. 스님으로서 거짓말을 하자니 얼굴이 달아올랐지만 '돈 없소. 난 모르겠소.'라는 말을 차마 못하겠고 사과도 하고 거짓말도 할 수밖에 없었다.

차라리 돈을 받으러 온 사람들이 화를 내며 '이 중놈아, 집짓고 왜 돈 안 주노? 관청에 고발해야 돈을 내놓을건가!' 하며 고함이라도 지르면 '내가 절 지었소? 난 모르오.' 하겠는데 돈 받으러 오는 사람마다 오히려 깍듯이 스님 예우를 하고 '부도날 지경이오, 일꾼 다 놓치겠소, 점포 문 닫을 판이오, 집사람이 아프오, 애들 공납금이 없어요 등등의 하소연을 하니 그런 사정을 듣고 거짓말하는 자신이 과연 내가 이렇게 능력이 없는가 싶은 마음까지 들었다. 이런저런 갈등 속에서 참으로 안타깝고 답답했다.

이런 거짓말 이외에도 직책상 거짓말을 더러 하였다.

자라면서 학교 다니면서 거짓말을 거의 하지 않았고 거짓말을 하면 심장이 뛰고 참으로 거짓말 안 하는 것만이 사람다운 사람이라고 생각했는데 이런저런 일을 겪고 사회에 많은 사람들과의 거래 속에 살다 보니 거짓말을 못해서 여러 차례 난처함을 당했다. 그러다 보니 거짓말에 대한 내 나름대로의 개념이 정립되었다.

'거짓말을 안 하고 사는 게 아니라 거짓말을 얼마나 크게 하느냐, 작게 하느냐, 거짓이 빨리 탄로날 것인가, 한 사람을 속일 것인가, 백 사람을 속일 것인가 등을 잘 헤아리며 그 후의 결과까지도 잘 헤아려서 다시 말하면 머리를 잘 굴려서 거짓말을 하는구나.

이처럼 거짓말을 적당히 잘 조절하는 사람은 더 큰 거짓으로 더 많은 사람을 속이고도 잘 먹고 잘 쓰고 뻔뻔하게 살고 있구나!

거짓말을 할 줄 모르는 사람은 이 사회에서는 졸부들에게 밀려서 근검절약하고 말없이 살고 있구나.

거짓말로 요리를 잘 만들어서 먹고 먹이는구나!

그래서 나는 이제 학생이나 후배에게 '거짓말을 하지 말라가 아니라 거짓말로 요리를 잘해서 먹고 먹여야 된다. 그러나 많은 사람의 이익을 위해 진리를 받들고 생명의 보호를 위해서, 가정과 사회의 평화에 결정적 도움이 될 때에만 거짓말을 하라. 그 외는 거짓말을 하지 말라.'고 당부한다.

인과에 대한 진리 말씀이 있다.

악한 행위자도 악의 열매가 익기 전에는 복을 받는다.
악의 열매가 익은 때는 반드시 화를 만난다.
착한 행위자도 선의 열매가 익기 전에는 화를 만난다.
선의 열매가 익은 때에는 반드시 복을 누린다.

-〈법구경〉

똥파리가 돈파리로

 눈이 펄펄 내리는 한겨울에도 빨간 딸기와 싱싱한 오이를 먹는 세상이다. 철이 아닌 때 나오는 싱싱한 과일과 채소를 먹으며 이를 가꾸는 농부의 지혜와 노고에 항상 감사한다.
 그런데 며칠 전 TV에서 비닐하우스 과일재배에 여태까지는 꽃가루로 수정을 해주기 위해 꿀벌을 사다가 하우스내에 투입하였는데 최근에는 몸집이 큰 파리를 이용한다는 뉴스를 보았다.
 비닐 하우스 안에 생선 찌꺼기를 모아놓고 파리가 모이도록 하여 하우스 내의 과일꽃에 앉아 꽃가루받이 수정을 하게 된다는 것이다. 막대한 경비를 들여 양식 벌을 사오거나 외국에서 수입해 오던 것을 자연과 동물의 섭리를 이용하는 지혜로써 경비를 절감하는 동시에 소득증대를 하였다는 것이다.
 우리는 어릴 때 몸집이 큰 파리는 쇠똥이나 다른 똥, 또는 음식 썩는 데 많이 날아들어 똥파리라 불렀다.
 그렇게 추하고 징그럽게 보이던 똥파리가 먹음직스런 딸기와 참외를 열리게 하여 돈벌이를 도운 것이다.

그래서 똥파리가 '돈파리'가 되었다.

자연의 섭리에 순응하고 그 섭리를 이용하는 지혜로움에 대하여 공경하고 감사한다.

〈마하반야바라밀다심경〉에 '모든 진리법은 공하여 나지도 않고 멸하지 않고 더럽지도 않고 깨끗하지도 않다(是諸法空相 不生不滅 不垢不淨)'는 대목에서 참으로 더러움과 깨끗함이 별개가 아니라는 구절을 실감하게 된다.

내 주관의식이나 일시적 감각으로 '추하다, 예쁘다, 밉다, 더럽다'라는 생각에 빠지고 그런 분별심에 치우친다면 사물의 이치를 제대로 모르는 어리석음이며 자신을 지혜롭게 다스리는 데 장애가 될 것이다.

기도 영험

백일기도 중에 있었던 일이다.

그날은 평소보다 훨씬 오랫동안 정근을 하고 축원도 더욱 정성을 기울여 하였다. 새벽기도가 다른 날보다 30분은 연장되어 날이 훤히 밝았다.

기도를 마치고 내 방에 내려오다 깜짝 놀랐다. 분명히 닫고 간 방문이 활짝 열려 있고 온 방바닥에는 커다란 신발 자국들이다. 문지방에 뾰족뾰족한 쇠못이 박힌 몽둥이 두 개가 놓여 있고 벽장의 문은 부서져 있었다.

그 광경을 보는 순간 당황했으나 한편으로는 참 묘한 일이라는 생각도 들었다.

'그거 참 이상하다. 조금 전 부처님께 지극 정성 기도하고 모든 불자가 재앙도 없고 도둑도 맞지 않게 해 달라고 축원했는데 하필이면 축원 올린 장본인인 내 방에 도둑이 들고 물품이 없어졌을까?'

캐비닛 속에 큰 돈은 없었으나 어른 스님의 글씨 몇 점이 들어 있었다.

그리고 사중(寺中)의 중요한 서류가 들어 있었다는 것을 생각하자 매우 걱정이 되고 당황스러웠다.

파출소에 신고하니 곧장 경찰관 한 분과 방범대원 한 분이 오토바이를 타고 오셨다. 상황을 살펴보더니 무거운 캐비닛을 가지고 멀리 가지는 못했겠다면서 절 뒷산과 앞의 큰 길쪽을 지키고 다른 직원에게 지원을 요청하였다.

얼마 후 절 뒤 야산 숲속에 큰돌에 맞아 깨어진 캐비닛이 있다는 통보를 받고 가보니 통장, 현금 등은 없어졌지만 사찰의 중요 문서는 고스란히 남아 있어서 안도의 숨을 쉬었다.

아침 공양 시간쯤에 매일 참배 오는 거사님 두 분이 오셔서 정황을 보고 내 이야기를 듣고는 놀라워했다.

"스님, 돈 이십여 만 원과 소형녹음기 한 개쯤 잃고 스님이 건재하시니 참으로 다행입니다. 도둑과 마주쳤으면 몽둥이 세례는 틀림없었을 것입니다. 이 험상궂은 몽둥이 좀 보세요."

그 말을 듣고 보니 내가 연일처럼 정상 시간에 기도를 마치고 내려왔으면 도둑을 보고 잡으려 했을 것이고 도둑은 방어책으로 몽둥이를 휘두를 것이 뻔했다.

'오늘은 아무튼 부탁도 약속도 한 적이 없는데 어쩐지 기도를 오래 하고 싶더니 이게 바로 부처님의 가호로구나…….'

기도이거나 염불이거나 설법이거나 자신이 하고 싶은 마음으로 정성 들여 하면 반드시 공덕과 영험이 있다는 것을 실감했다.

성냄을 이기는 방법

사람이 살다 보면 속상하고 화가 날 때가 자주 있다. 이런 때 참기도 어렵고 화를 내면 상대방도 자신의 감정도 상하게 마련이다.

〈법구경〉에 '성냄을 버려라 오만을 제거하라. 그 어떤 속박에서도 초월하라. 마음과 사물에 집착이 없고 가진 것이 없으면 그는 고뇌에 쫓기지 않는다.' 라고 했다.

이렇게 독이 되는 성냄을 이기고 자신을 잘 다스리는 수행법이 몇 가지 있는데 그 중에서도 먼저 '좋아진다, 개선된다' 라고 생각하는 무상관(無常觀)을 계속 하도록 하자.

가령 공부도 하지 않고 오락실 가서 친구와 싸우다 상처를 입고 집에 온 아들이 있다면 화가 심하게 날 것이다. '몹쓸 놈, 바보' 등등 폭언이 입에서 튀어나올 때도 있을 것이다.

또는 가정이나 직장에서 자신을 멸시하거나 억울하거나 못마땅한 일이 있어 화가 치밀어오를 때에 마음속으로 '저 사람 좋아질 거야, 착해질 거야.' 라고 생각하면서 화를 참을 수 있다.

그렇다. 모든 사람 모든 사물이 항상 그대로가 아니라 변화하는 것이 절대의 진리요 법칙이다.

바로 악한 인연이나 나쁜 현실도 좋게 변한다고 생각하는 것이 무상관이요, 이렇게 무상관을 계속하면 성냄도 이기고 실제로 자신이나 상대방이 모두 다 선하게 변화된다.

그렇지만 보통 범부라면 울분이 차서 얼굴이 찡그려지고 목에서 고함이 터져 나오려 하고 심하면 주먹이 날아가려는 그 순간을 참아내기란 참으로 어렵다. 잘 참아지지 않는다. 이 순간에 신속히 자신을 변화시켜야 한다. 바로 숨을 크게 쉬어 공기를 한껏 들여마셔 '어휴' 하고 내뱉고 또 그렇게 하면서 세 번만 연속하면 끓어오르는 성화 열기를 식혀서 자기를 억제할 수 있다.

그렇지 못하고 주먹을 불끈 쥐고 이를 악물고 참으려 하면 오히려 참기 어렵고 몸에 병이 생길 수도 있다.

이러한 무상관 수행법은 평소에 사물이나 사건 등을 볼 때 긍정적으로 생각하고 좋아진다 라고 훈련을 하고 자신도 급할 때 신진대사를 신속히 하여 성질을 온화하고 부드럽게 하는 것이다.

그리고 자비심을 길러야 한다. 모든 사람과 생명을 아끼고 사랑하고 즐겁고 편하게 해주고 그런 사고와 행동을 하는 것이다.

〈법구경〉에 '온화한 마음으로 성냄을 이겨라, 착한 일로 악을 이겨라, 베푸는 일로서 인색함을 이겨라, 진실로써 거짓을 이겨라.'라는 말씀이 있으니 항상 명심하고 이를 실행해야 할 것이다.

포교의 공덕

〈금강경〉에는 '경전 네 구절을 지니고 읽고 외우고 다른 사람에게 전하면 그 공덕이 삼천대천세계에 칠보(七寶:일곱가지 보배)를 가득 채워 보시한 공덕보다 더 크다.'고 하였으며 대부분의 다른 경전에도 그 경전을 수지독송하고 전하면 그 공덕이 대단히 크다고 설하여져 있다.

이와 같이 경전을 전하는 것이 포교의 기본이요, 그 외에도 불교 설화를 이야기해 준다든지 사찰로 인도하거나 불교의 법도에 맞는 의식을 가르쳐 주는 등 여러 가지 방법의 포교로서 중생을 인도하고 구제하게 된다.

부처님 당시 설법 제일 부루나 존자는 어느 날 수로나국의 백성이 포악하고 무지함을 불쌍히 여기고 수로나국에 설법 포교하러 가기를 자청하였다.

이에 석가모니 부처님께서는 만류하셨다.

"수로나국 사람들은 성격이 포악하고 오만하여 네가 가게 되면 보기 싫으니 나가라고 할 것이다."

그러나 부루나 존자는 대답했다.

"나가라고 하는 것은 떠밀어내는 것보다 낫다고 생각하고 포교하겠습니다."

"그러나 그 사람들은 떠밀어낼지도 모른다."

"떠밀어 낸다면 몽둥이로 때리는 것보다 낫다고 생각하고 포교하겠습니다."

"만약 몽둥이로 때린다면……."

"때리면 칼로 찌르는 것보다 낫다고 생각하고 포교하겠습니다."

"그들이 포악해서 칼로 찌르면 어찌하는가?"

"부처님의 위대한 법을 전하다가 부처님법을 위하여 죽는다면 그보다 더한 보람과 영광이 없다고 생각하고 기꺼이 포교하겠습니다."

이렇게 다짐한 부루나 존자는 수로나국 사람들에게 부처님법을 전하여 많은 사람들을 부처님법에 귀의하게 했다고 한다.

보통 불자들은 부루나 존자와 같이 생명을 바치는 큰 원력을 갖지 못한다 하더라도 자신의 생계와 가정을 유지하는 범위 내에서 자신이 아는 불교와 자신이 좋게 느낀 점을 조리있게 적극적으로 타인에게 일러주고 권하는 것이 포교이다.

일상의 일과 속에서 기도시간, 독경시간, 청법시간을 정하여 잘 듣고 간직하여 타인에게 가르쳐 주고 법회장에 인도하여 동참시키고 설법 테이프나 불교서적을 권하고, 염불, 기도, 독경, 참배 등을 구체적으로 가르쳐 주고 권유한다면 이것이 법보시이며 커다란 포교가 된다.

자신이 감명깊게 들은 이야기나 읽은 사연을 타인에게 이야기하므로써 자신이 듣고 읽고 혼자 간직하고 있는 것보다 더 깊이 마음에 새겨지고 복습이 된다.

혼자 알고 있는 것보다 더 오래가고 더 많은 사람에게 도움이 된다. 주면 줄수록 커지고 빛나는 것이다.

즉 〈금강경〉 네 구절을 전한 공덕에 못지 않는 공덕을 짓는 것이며 이것이 자신의 복락이 되고, 이웃을 구하는 보살도가 된다. 우리 모두 부처님 금구성언(金口聖言)을 한 구절이라도 더 익히고 실행하고 전하여서 자아발전과 정토건설에 공헌해야 할 것이다.

심경농장(心耕農場)

　우리는 자연의 무한(無限)한 혜택 속에 살면서도 현대기계문명의 편리성에 길들여져 자연의 고마움은 까맣게 망각하고 있다. 단순한 계산도 계산기로 하고 단 1km라도 자동차를 타고 가지 않으면 안 될 만큼 게을러짐에 따라 심신이 나약해져 참고 견디는 인내력이 극도로 쇠약해 있는 것이다.
　이러한 현상은 특히 젊은 세대로 내려갈수록 심하게 나타나고 있다고 하겠는데 그 이유는 지식 주입과 점수 관리에 치중한 교육 및 단순 기술 습득으로 돈벌이에 집착한 결과이다.
　경제적인 빈곤은 면했지만 점차 환상적인 이상의 수렁에 빠져 우리 조상이 피땀과 정성으로 일구고 가꾸어 왔던 소중한 자연과 농토까지도 돈의 가치로 따져 가치가 없으면 그것이 비록 옥토라 해도 묵혀서 폐허가 되게 하니 안타깝기도 하다.
　이런 현실 속에서 온가족이 아침 저녁으로, 아니면 주말에 여가를 내어 심경농장에 나아가 농작물을 가꾸어 봄으로써 자녀들에게 뿌리고 가꾼 만큼의 결실을 얻게 된다는 농심의 교훈을 심어주게 되고, 작물이 자라는 과정의 관찰을 통해 자연학습의 산교육이 됨은 물론 땀흘리는 힘든 육체노동으로 힘든 일도 참고 견디어내는 힘을 길러주기도 하는 참교육의 장이 될 것이다.

또한 노인들의 여가선용에 필요한 일터가 되어 일을 통한 성취의 보람을 얻게 되리라 생각한다.

이상과 같은 취지에서 묵혀있던 농지를 잘 갈아서 경작을 원하는 사람에게 분배하고 관리해 주는 곳이 심경농원이다.

□ 경작의 장점
1. 자연 속에서 작물을 가꾸는 가운데 심성이 순화된다.
2. 적당한 노동을 하므로 건강한 생활이 된다.
3. 자연학습을 통해 자연의 혜택을 체험하게 된다.
4. 우리 농산물에 대한 호감을 갖고 애용하게 된다.
5. 스스로 재배한 신선한 채소를 수확하는 기쁨이 있다.
6. 농토의 효율적 활용(폐농지 근절)

□ 심경농장 준수사항 및 주의할 점
1. 땅(밭) 위치 및 물빠짐 상태를 잘 파악하고 작물을 심어야 한다.
2. 농약 사용을 금지한다.
3. 서로서로 작물을 아껴주고 지켜준다.
4. 월1회 정기모임으로 대화한다.(정보교환 및 협동할 점 상의)
5. 어려운 점은 사찰(스님)에 문의한다.

육법공양 발원문(六法供養發願文)

영원한 생명, 한없는 광명이신 부처님!

희망찬 새해를 맞아 온 정성 가다듬어 큰절 올리옵고, 바른 뜻 고요한 마음의 향(香) 한줄기 올리며 발원(發願)하니 게으름과 삿된 견해 모두 녹이고 자신의 힘과 정성을 태워 만인에게 자비를 베풀게 하소서.

반야등불 밝혀 올리오니 진리에 캄캄한 두려움과 어리석음을 햇살처럼 밝혀서 무상 정등의 지혜 얻게 하소서.

맑디 맑은 감로다(甘露茶) 올리오니 온 국민 근심과 고뇌를 말끔이 씻어 샘물처럼 맑은 마음으로 갈애와 욕망을 모두 녹여 안락과 청량함을 누리게 하소서.

싱그럽고 고운 과일(菓) 정성스레 올리는 공덕으로 새롭게 수행 정진하여 탐진치 벗어나 보리의 결실을 탐스럽게 주렁주렁 맺어 만인에게 듬뿍듬뿍 나누어 주게 하소서.

정결한 쌀(米)공양 고이 받들어 올리오니 부족함과 자만에 헤매는 이들을 님의 큰 자비와 구족한 신통력으로 구원하시고 법 수행의 환희로운 맛을 모르고 허송세월하는 이에게 님의 선열미(禪悅味) 고루고루 주시어 법을 알아 실행하는 기쁨을 누리게 하소서.

아름다운 꽃송이〔花〕 공양하오니 여러 가지 수행(萬行)을 두루 닦아서 만물만사(萬物萬事) 스승 삼고 순리에 만족하며 예쁜 얼굴 고운 말씨 갖게 하소서.

희노애락 속에서도 자성을 깨달아 평상심에 바른 도를 행하게 하옵소서. 거룩한 법 잘 전하여 환희와 보람의 길을 가게 하옵고, 모두의 좋은 뜻 원만성취 원만회향하게 하소서.

마하반야바라밀 나무석가모니불.

네 가지 즐거움과 현실

현대인의 관심사이며 소망은, '어떻게 하면 잘 살까, 어떻게 하면 다른 사람을 앞지를 수 있을까, 어떤 방법으로 부와 명예를 얻는 것이 좋을까' 등등의 것이 대부분을 차지하고 이런 의식이 지배적인 것 같다.

과연, 이런 욕망과 사고가 정당하며, 다수 국민이 잘 사는 길인가를 깊이 음미해 보아야 할 것이다.

화창한 봄날, 봄꽃이 만발한 그늘 아래 네 명의 수도자가 앉아 대화를 나누고 있었다.

'이 세상에서 가장 즐겁고 좋은 건 무엇이며, 가장 사랑하고 아낄 것은 또 무엇일까?' 하는 의문을 제기하자 그 중 한 수도자가 말했다.

"한창 봄꽃이 만발하여 빛날 때 산과 들에서 유유히 꽃놀이하는 것이 가장 즐겁고 좋은 것이다."

그 말에 이어 다른 수도자가 나섰다.

"재물을 많이 모아 쌓아 두고 하고 싶은 일에 마음껏 돈을 쓰고,

수레와 말과 옷이 화려하여 사람들의 부러운 시선을 받는 것이 최고의 즐거움이다."

그러자 또 한 수도자가 자신의 의견을 말했다.

"경사에 친척이 모여 술 마시고, 노래하고, 춤추는 것이 최고로 좋은 것이다."

네 번째 수도자도 말했다.

"아름다운 여색, 처첩들과 고운 옷 입고 향긋한 화장으로써 마음껏 향락을 즐기는 것이 최상의 낙이다."

이때, 부처님께서는 네 사람의 마음을 알고 물으셨다.

"무슨 말씀들을 나누었소?"

네 사람은 사실대로 말씀을 드리게 되었다.

그러자 부처님께서 말씀하셨다.

"당신들이 생각한 즐거운 일이 모두 근심, 두려움의 길이로다. 봄에 무성했던 꽃과 생물이 가을이 되면 시들고, 친척들과 즐거움도 반드시 헤어지고, 재물과 수레 따위는 도적과 물과 불, 자식의 방탕, 낭비, 재앙이 도사리고 있어 오래 보존되지 않는 것이요, 처첩들의 아름다움도 사랑과 미움의 근본이 되는 것이오!

사랑하고 미워하는 데서 근심과 두려움이 생기나니. 사랑과 미움이 없다면 무엇을 근심하고 무엇을 두려워하랴. 좋아하고 즐기고 탐하는 데서 근심과 두려움이 생기나니. 즐기고 탐하는 것이 없으면 무엇을 근심하고 무엇을 두려워하랴!"

이 이야기는 우리 모두가 재물, 명예, 육신의 쾌락을 추구하고 있다는 이야기일 것이다.

또한 그런 것들의 단점과 부정적인 면도 깊이 통찰하면서 생각하고 살아갈 수 있는 양식을 주고자 한 교훈이다.

욕망은 밑도 끝도 없다. 그래서 또 그만한 불만과 불평을 낳게 된 작금의 혼란과 갖가지 사건이 무엇에 기인한 것인가를 근원적으로 살펴보면 답은 자명한데도 모든 것이 정치의 탓, 제도의 탓인 양 돌려 놓고 더더욱 혼돈과 혼란을 가중시키고 있다.

해방 직후만 해도 하루 세 끼 제대로 먹을 수 없었고 옷이라야 무명, 그것도 누덕누덕 기워가며 입어야 했고 자신의 의사와는 관계없이 일하지 않으면 안 되었던 시절이 있었다.

1990년대를 사는 한국인이, 저렇듯 절대적 빈곤과 부자유한 삶을 살아 온 때를 생각하면 무슨 불평 불만을 가질 수 있을까 생각해 본다.

물론 '더 나은' 문화 생활과 '더 많은' 재산의 소유와 권리, 명예를 갖고자 하는 것은 인간 누구나의 본능이며, 개인이나 사회의 번영을 위하여도 필수적 요건이겠지만 현재 일어나고 있는 여러 현상, 노동임금을 더 올려 달라, 민주화하라, 물가가 불안해서 못 살겠다는 등으로 불평 불만의 목소리가 그칠 줄 모르니 답답하지 않을 수 없다.

얼마만큼, 그리고 어떻게 되어야 욕망과 욕구를 채울 수 있겠는가? 그리고 그것은 과연 우리의 뜻대로 채울 수 있는 것인가?

더 깊이, 더 멀리, 더 폭넓게 생각해 본다면 그러한 욕구 충족이나 잘사는 것의 한계를 그어 줄 잣대는 어디에도 없다는 것을 알게 될 것이다.

하루 세 끼 배를 채울 수 있고 의복을 기워 입지 않고, 셋방이든 내 집이든 간에 비와 맹수를 피할 자기의 주거 공간을 대부분 가지고 있다.

그럼에도 우리는 빈곤을 느끼고 있다. 진정한 빈곤(물질적)에서 오는 것이 아니라 상대와 비추어서 일어난 빈곤, 즉 상대적 빈곤감일 것이다. 상대적 빈곤은 극복할 수 있되, 정치나 제도나 노동으로는 도저히 해소시킬 수 없을 것이다. 왜냐하면 그 해결의 주체는 그 무엇도 누구도 아닌 바로 '나' 자신이기 때문이다.

그러므로 재산과 명예, 자유와 향락의 크고 작은 것, 높고 낮은 것만 생각할 것이 아니라 과거와 미래도 생각해 보고, 인간의 기본 섭리와 자연의 조화도 깊이 살펴 보아야 할 것이다.

또한 '이것이 있으므로 저것이 있고, 이것이 일어나므로 저것이 일어난다. 내가 있으므로 가정과 사회도 있고, 사회가 있으므로 내가 존재하는 것이다.'는 이치를 바로 알아 소유를 적게 하고 현실에 만족하며, 향락보다 고요한 명상과 검소한 생활로 더 없는 행복을 누려야 할 것이다.

오늘날 서구의 물질 만능주의와 쾌락적 문화, 개인주의가 무분별하게 배어들어서 우리의 주체성과 현실을 망각하고 가치관이 혼돈되어가고 있는 듯하다.

우리의 얼과 주체 의식을 살피고 과거, 현재, 미래를 통찰하며 순리적이며 소박한 정신적 마음의 여유를 가지고 현실을 바로 보아야 할 것이다.

재산의 축적과 많은 소비, 육체적 오욕(五慾:보고, 듣고, 맛보고,

냄새 맡고, 촉감으로 느끼는 것)의 향락을 잘사는 것인 양, 행복의 대명사인 양 생각하지만, 그것이 삶에 꼭 필요한 것일지라도 양과 질을 조절해야 할 것이다.

또 자신의 현실과 이상을 잘 살펴 조절함이 현명한 길이요, 개인은 물론 다수 국민의 안락을 가져다 주는 슬기로움이다.

-〈울산 2062〉1991년 10월호에

두려움 없는 큰 희사

먼 옛날 선혜라는 수행자가 있었다.
어느 날 선혜가 고요히 명상에 잠겨 있을 때 토끼가 헐레벌떡 뛰어와서 독수리가 쫓아오니 살려 달라 애걸했다.
그래서 선혜는 토끼를 자신의 옷자락 밑에 숨겨 주었다. 잠시 후 독수리가 쫓아오더니 선혜를 졸라댔다.
"배가 고파 죽을 지경이었는데 간신히 토끼 한 마리를 발견해서 쫓던 중입니다. 이 쪽으로 가다가 없어졌으니 빨리 찾아주세요. 너무너무 배가 고파 죽겠어요."
이때 선혜가 물었다.
"독수리야, 너는 무엇으로 배를 채울 수 있느냐?"
"저는 따뜻한 피가 흐르는 고기만 먹습니다."
이에 선혜는 '나의 육신은 보시하고 영혼은 또 태어나서 도를 닦자.'고 생각하여 독수리에게 말했다.
"그렇다면 내 몸을 먹어 다오."
"그게 정말입니까? 두렵지 않습니까? 후회하지 않겠습니까?"

"두려움도 아쉬움도 없으니 기꺼이 이 몸을 먹어서 너의 생명을 잘 보존하라."

독수리는 하늘로 올라가서 날카로운 발톱과 부리를 겨냥하며 선혜를 쪼아먹을 태세를 갖추었다. 그래도 선혜는 태연하고 밝은 표정으로 미소 짓고 있었다. 아무런 두려움도, 억울함도 없는 표정이었다.

다음 순간 독수리와 토끼가 함께 나란히 선혜 앞에 서서 공손히 절을 했다.

"당신은 진정한 수행자의 마음이요, 보살의 행을 하시니 먼 훗날 반드시 부처님이 되실 것입니다."

그리고 자신들은 정거천에서 왔다고 말했다.

이 이야기는 부처님의 전생이야기를 담은 〈본생담〉의 설화이다.

오늘날 우리는 자기의 것을 아끼고 있다.

어쩌다가 남에게 베풀어 주면서, 주는 만큼의 대가가 얼마나 클까부터 생각한다.

선혜가 대가를 바라지도 않고 육신의 집착도 없이 죽음에 대한 두려움도 없이 순수한 무주상(無住相) 보시의 마음을 쓴 그 공덕으로 먼 훗날 석가모니 부처님이 되셨다고 한다.

또 한 가지 교훈은 요즘 청소년들이 자신의 주관이나 뜻에 맞아야만 귀를 기울이고, 자기편이냐 적이냐를 따지고 강자에 아부하고, 강자의 앞잡이가 되어 약자나 자기를 따르지 않는 자는 힘으로 누르려고 한다.

어쩌다 좀 정의롭다는 생각을 한 사람도 약한 자의 편을 들지 강한 독수리의 편이 될 수 없다는 논리가 있기도 하다.

선혜는 약한 토끼도, 강한 독수리도 모두 소중한 생명이니 살려야 한다는 대자비심으로 자기 몸을 희생한다.

오늘날 우리도 선혜의 자비와 큰 원력을 본받아서 대립과 흑백 논리, 그리고 경쟁과 이해(利害) 관계를 초월하여 이해와 관용으로, 큰 포용으로 자신보다 그 집안, 그 마을, 그 사회를 위하여 개인 보다 전체를 위해서 뜻을 내고 삶을 살아간다면 밝은 사회, 복된 나라가 될 것이다.

탐욕심을 이기는 방법

재물과 색을 사람이 버리지 못하는 것은 마치 칼날 끝에 꿀이 있는 것과 같아서 한번 빨아먹는 맛에도 모자라건만 어린애가 그것을 핥을 때는 혀를 베일 근심이 있는 것이다.

– 〈사십이장경〉

재물과 이성에 대한 정당하고 적절한 욕망은 필요하지만 재물을 많이 갖고 싶어하는 탐욕은 자신을 해친다.

이성도 부부 아닌 다른 이성에게 연정을 품거나 사음하면 심적, 신체적, 법률적 죄악이 따른다.

이런 탐욕심을 이기는 방법으로 부정관(不淨觀)을 행한다. 부정관이란 재물은 더러운 것이며, 그리고 재물의 장점보다 단점을 깊이 생각하는 것이다.

요즘 흔히들 돈이면 모든 것이 해결된다고 생각하지만 그렇게 돈이 좋은 것만은 아니다.

실제로 지폐를 현미경으로 자세히 살펴보면 갖가지 더러운 세균

이 우글거리고 있으니 참으로 더러운 것이 돈이다.

　그리고 돈과 보물을 많이 가지고 있으면 강도가 들어 사람을 해치게 될까 하여 잠이 오지 않는 수도 있다. 아니면 친척이나 친구가 나누어 갖자, 꾸어 달라고 졸라대지는 않을까, 하는 두려움과 공포심이 생기기도 한다. 돈이란 참으로 두려운 것이다.

　어린이나 학생에게 용돈을 너무 자주 주거나 많이 주어서 자녀가 먹고 싶은 것을 모두 사 먹고, 간식을 한다면 체력에 지장을 주고 참을성이 없어진다.

　오락실 등등 나쁜 친구도, 나쁜 환경도 돈 때문에 생긴다. 물욕으로 인하여 범죄를 저지른 경우도 허다하다. 몇해 전에도 돈 많은 부모 슬하에 돈 많이 쓰고 유학까지 갔다온 아들이 부모를 죽였다는 소식이 있었다.

　지난해 어느 불자님께서 별세하시어 49재를 지내는 동안 생긴 일이다. 칠일 간격으로 재가 드는 날마다 재의식이 끝나고 식사를 하던 중에 상주인 고인의 자부 네 명이 싸우고 있었다. 응당 고인의 명복을 빌어야 하는 경건한 자리임에도 불구하고 며느리들은 돌아가신 어머니의 유산 문제로 소리까지 지르며 싸웠다.

　"이봐 셋째, 마지막 재 마치면 제사는 자네가 모셔야 하네. 마땅히 그래야 할 것 아닌가?"

　"그런 말씀 하시는 큰 형님은 제사 안 모시고 뭣해요! 어머님 제사는 형님 책임 아닌가요?"

　"뭐라고? 그럼 셋째가 어머님으로부터 가져간 아파트며, 논까지 다 내 놓아야 되잖아?"

이들은 남 부끄러운 줄도 모르고 심지어 고함까지 치며 싸웠다.

그런 반면에 유산 없이 사망하신 어느 분의 49재에는 자녀들이 슬피 울고 온갖 정성을 다해 재를 모셨다.

"스님, 우리 부모님께서는 우리들을 위해서 고생만 하시다가 돌아가셨습니다. 극락으로 잘 천도해 주십시오."

이와 같은 경우에도 재산이 큰 단점이라 할 수 있다.

재물의 장점은 모두 잘 알고 좋은 점에 너무 젖어 있으니 재물의 해로운 점을 깊이깊이 생각하는 부정관을 부지런히 해야 한다.

불우이웃을 위하고 공익을 위해서도 나누어 쓰고 회사의 공덕을 지어가면서 탐욕심을 씻고 맑은 생활, 편안한 삶을 살아가도록 하자. 이 길이 금생에도 편하고 보람된 삶을 살게 하며 내생에도 영원히 안락한 길이다.

남녀 평등

부처님 법계 안에서도 만인은 평등하고 국가의 법 앞에도 만인은 평등하다.

그런데 근세에 여성 상위시대다, 여권신장이다, 우먼파워다 하며 여성의 권리를 주장하는 말(구호)들이 생겨났다. 특히 선거철이 되면 정치꾼들이 이런 용어로 여심(女心)에 아부하기도 한다.

하지만 '여성상위시대'라는 말 자체에 벌써 평등 아닌 차별을 내포하고 있다.

진정한 평등은 생리 구조부터 역할 분담에 이르기까지 남자와 여자가 각각 자신의 역할에 충실하며 그 차별이 조화를 이루면서 살아가는 것이다.

특히 우리나라는 조상 대대로 유교 사상과 가부장제도 하에서 여성의 활동 반경을 집안에 국한시키며 여성의 권리를 억압해 왔으며 오늘날까지도 남성 우선의 의식과 관행이 있어 온 것이 사실이다.

그러나 이제부터는 진정한 평등을 위해 가능한 것부터 평등으로 개선해 가야 할 것이다.

흔히 절에서는 가족 축원 명단을 아버지, 어머니, 아들, 딸 순으로 기록한다. 딸의 나이가 아들보다 많은 경우에도 아들을 먼저 기록하며 어떤 노보살님은 딸은 아예 쓰지도 않는다.

그러나 우리 절에서는 딸이나 아들이나 반드시 나이 순서대로 올리고 있다. 좌석 배치나 공양시간에도 먼저 온 순서대로 하고 있다. 이렇게 작은 것에서부터 남녀평등을 실천해나가고 있다.

두 번째 화살을 맞지 말라 1

사람이 살아가는 데는 나름대로 갖가지 고통과 근심이 있다. 또 뜻밖의 사고나 사건이 있어서 몸을 상하거나 재물을 잃거나 사랑하는 사람, 믿었던 사람에게 배신을 당할 수도 있다. 이러한 여러 가지의 참기 어렵고 고통스런 일을 당했을 때 그 고통과 근심을 이기고 자신을 지켜야만 한다.

고뇌하는 사람들 가운데에 있으면서 고뇌에서 벗어나 즐겁게 살자.
─〈법구경〉

부처님은 말씀하셨다.
'두 번째 화살을 맞지 말라.'
지난해 봄에 서울에서 다달이 곗돈을 부어서 내집 마련을, 또 딸 혼사를 치르겠다는 계획으로 계조직에 들어 다달이 곗돈을 넣어오다가 계주가 잠적하여 천만 원에서 천수백만 원씩의 돈을 받을 길이 없다고 가정주부가 울며불며 한탄하는 기사를 읽었다.
이런 경우에 못 받게 된 돈이 아까워서 밤에 잠을 못 자고, 돈 떼

먹고 도망간 자가 괘씸하여 이를 갈면서 밥을 못 먹는다면 돈 잃은 것은 첫번째 재앙의 화살을 맞는 것이요, 잠 못 자고 밥 못 먹어 건강을 해쳐서 병이 나면 두 번째 재앙의 화살을 맞는 것이며, 건강이 나빠서 자신의 직무나 가정일을 못하면 세 번째 화살(3차 피해)을 맞는 것이 된다.

현실적으로는 돈을 받기 위해 노력을 해야 할 것이다. 즉 도망간 계주를 찾는 일이나 그 사람 재산이라도 있으면 사법적으로 압류하는 실질적 일을 해야 하겠지만 돈 찾는 일을 할 때 외에는 그 사실과 고뇌를 잊어 버려야만 자신과 가정을 지킬 수 있다.

그 돈의 아까움과 도망자의 괘씸함을 잊으려고 하지만 아까움과 억울한 생각이 더욱더 깊어질 것이다. 그러나 잊는 것이 최상의 선약(仙藥)이다. 그렇다면 어떻게 해야 잊을 수 있을까.

첫째, 자신이 할 일, 직장의 직무 또는 가정의 청소, 집안관리, 가족 보살핌을 예전보다 두세 배로 열심히 한다. 불행한 일이 생각날 틈을 주지 않는 것이다.

둘째, 스포츠, 서예, 독서, 가요, 문화, 예술활동, 봉사활동 등의 건전한 취미활동을 자신이 할 수 있는 범위 내에서 열심히 하는 것이다.

셋째, 신앙생활을 열심히 하는 것이다. 자신이 믿는 종교의 경전을 부지런히 읽고 성인의 말씀을 깊이 새기고 기도를 부지런히 하면서 모든 것은 인연 따라 되는 것이라고 생각해야 한다.

일의 성패까지도 인연에 맡기는 것이다. 감정에 못 이겨 술을 마시거나, 화투치기 등에 빠지는 것은 좋지 않다.

비단 돈 잃은 것뿐만 아니라 신체의 병고나 배신을 당하거나 사고 등의 고통, 불행, 근심이 있더라도 긍정적이고 희망적인 생각으로 상기의 세 가지를 열심히 하면 불행이나 고통, 근심 등을 잊고 자신을 건전하고 건강하게 지킬 수 있다. 이것이 이차 삼차 피해(두 번째, 세 번째 화살)를 막는 것이며 고뇌 속에서도 고뇌에서 벗어나서 편하게 살아가는 것이다.

또한 자신과 잘못된 일에 너무 집착하지 말고 더 멀리 더 폭넓게, 즉 과거 현재 미래를 생각하고 상대방의 입장이나, 제3자의 입장까지를 살펴봄으로써 이해와 관용과 융통성이 생겨서 어려움을 이기는 데 힘이 될 것이다. 실망도 고통도 자기 주관적 집착에서 일어난다.

모든 사람은 죽음이 닥쳐오고 있지만 죽음이란 사실을 망각하고 있으니까 죽음에 대한 두려움은 없다. 그렇지만 죽음은 아무도 피할 수 없는 사실이다.

오래 살면서 자식도 잘 기르고 재산도 모아서 노후까지 편안히 살 것이라고 생각하며 돈벌이에 온갖 수단과 방법을 동원하면서 자녀 교육에도 어떻게 하면 남의 자녀에게 뒤지지 않고 돈과 명예를 많이 가질 것인가에 목표를 두고 치맛바람을 일으키며 좋은 대학, 자기 욕심에 맞는 좋은 직업과 좋은 자리에 집착한다.

또한 재산도 언제까지 내집 마련을 해야지, 고급 승용차를 가져야지 등의 목표에 집착하여 부당하고 부정한 방법을 쓰게 된다. 무리한 사업 확장이나, 더 빨리 성장하려는 조급함에서 자신과 가족이 쓰라린 고통을 당하는 수도 있다.

죽음뿐만이 아니라 교육도, 돈벌이도, 가족 다스림도 순리적인 과정으로 지극히 정당한 방법으로 최선을 다하고 그 결실의 크고 작음에 집착하지 않으면 불의의 사고도 실망과 상처도 사업의 실패도 없을 것이다.

그리하여 항상 편안하고 안정된 삶을 영위할 것이다. 이것은 미리미리 재앙의 화살을 막는 것이다.

살다가 가는 길
어디서 왔다가
무엇으로 가는가
온 곳을 모르니
갈 곳도 몰라

이 몸도 내 집도
영원하지 않으니
명예도 만금도
뜨는 햇살에 이슬방울
보이고 들리는 것
모두가 허깨비

진정한 내 것
영원한 것은 무엇인가
부질없이

밖을 보나
안에서 찾아야지!

보이는 그대로
가진 만큼 쓰는 대로
되어가는 그 만큼
누리는 행복

가는 날 그때까지
자신에도 행복에도
얽매임 없으리.

두 번째 화살을 맞지 말라 2

 앞에서 개인의 어려움이나 불의의 사고 등을 당했을 때 그것을 극복하는 방법을 이야기했다. 여기서는 국민의 대다수가 어려움을 겪고 있는 사태에 대하여 언급해 본다.
 1997년 11월부터 달러가 부족하여 외환위기 사태가 벌어졌다. 국가가 부도가 나느냐, 온국민이 경제적 대혼란을 겪느냐, 아니면 온국민이 근검절약하고 일부 국민이 어려움을 겪는 정도로 이 위기를 넘기느냐 하는 상황이 되었다.
 이때에도 개인의 고뇌 벗어나는 것과 같은 처방이 효력이 있다. 두 번째 화살을 맞지 말아야 잘살 수 있는 것이다.
 경제적 소득이 금방 그전처럼 늘어나고 소비생활이 풍족하지는 못하더라도 끼니를 굶지 않고 집안에서 추위에 떨지 않고, 잠자며, 밖에서도 몸을 가릴 수 있는 최소한의 의식주(衣食住)만 해결되면 우리는 살 수 있다.
 1950년대는 의식주도 턱없이 부족했다. 그래도 우리 주변은 궁핍하지만 생존해 왔다. 그렇다고 2000년대의 우리가 50년 전으로 돌아가자는 것은 아니다. 최소한의 의식주가 해결된다면, 그 외에 소비는 억제해야 한다.

그리고 윤리와 법률에 어긋나지 않는 한 어떤 노동이나 생산이나 돈벌이라도 해야 한다.

수익이 적거나 크거나 간에 꾸준히 놀지 않고 일하면서 그 일에 대하여 애착과 자부심을 가지고 정성과 지혜를 다하여 혼신을 다할 힘으로 일을 해야 한다.

그렇게 일에 열성을 다하고 현재의 삶에 전념하면서 외환 위기에 빠진 억울함도 그전 호황기에 잘살던 생각이 날 틈도 주지 말고 오늘과 내일을 위하여 총력을 다한다면, 이 위기에 대한 조바심도 불안도 없을 것이고, 난국을 몰고온 주체자들에 대한 원망도 할 필요가 없으며 원망할 여가도 나지 않을 것이다.

그리고 잠시라도 휴식을 할 때는 남의 이야기나, 과거 문제에 얽매이지 말고, 참으로 자신이 흥미를 느끼고 마음을 쉴 수 있는 취미활동을 해야 한다.

또한 국민의 정신과 의식을 주도하는 언론매체는 과거에 얽매이거나 국민의 사기가 떨어지는 보도는 자재해야 한다. 비록 사실이라 하더라도 경제 위기로 하루 아침에 일자리를 잃고 생계가 막막한 국민들의 의식과 감정을 충분히 고려하며, 용기와 희망을 잃게 하는 내용은 가급적 자재해야 한다.

그러면서 이해와 협조로서 단합된 힘을 낼 수 있는 제도나 정책을 만들고, 언론도 용기와 희망을 가질 수 있는 사례를 발굴 보도해야 한다.

이렇게 하면 국민의 마음이 위축되지 않고 고통을 절감하는 길이라 생각된다.

국민 각자도 생업에 더욱 매진하면서 생각과 의식을 희망적으로 하여야 한다.

제5부 잘 산다는 것은

잘 산다는 것은

얼을 지키는 정토화(淨土化) 실행

효도하며 수행하자

새해 아침 발원문/부처님 오신날 발원문

동료·이웃부터 부처님 가르침 전해야/출가(出家)의 깊은 뜻

어린이와 함께하며/정리한 가르침

두 고개를 넘어서/정토 구현은 내 고장 포교부터

담배씨만큼 돕고 호박만큼 얻는다

두 권의 천자문(千字文)을 만들면서/어린이 포교의 필요성

법당 안내원/기도 법회 운영의 개선안

잘 산다는 것은

 내가 어릴 때 뵈온 스님은 잘 살기 위하여 승려가 되었다고 하셨다. 세상 사람들은 모두 잘 살고자 한다. 과연 어떻게 살아야 잘 사는 것일까?
 초등학교 4학년 되던 해 설날에 사천군 다솔사에 갔다.
 암자를 참배한 후 한 밤을 자고 오전에 그 절에 계시는 스님께 여쭈었다.
 "스님은 왜 스님이 되셨습니까?"
 "학생은 그게 궁금한가? 잘 살기 위해서 스님이 되었단다."
 "잘 살기 위해서요? 정말입니까?"
 "그래. 잘 살기 위해 스님이 되어서 살고 있지."
 나는 스님의 대답이 의아스럽고 궁금했다. 잘 산다는 것은 돈도 많고 이름도 떨치고 가족도 여럿이 있고 그래야 잘 사는 것인데, 스님은 그렇지 못한 것 같다는 생각이 들었다.
 집에 돌아와서 어머님께 내 생각을 말했다.
 '어머니, 저는 스님이 잘 산다는 말씀이 믿어지지 않고 인정할 수도 없습니다. 스님은 농사일이나 노동일도 안 하시고 신도가 바친 쌀과 돈으로 사시니 잘 사는 것이 아니에요. 저는 장차 자라서 스님도 안 될 것이며 장사하는 직업도 하지 않을 것입니다. 농사를 짓거나 공장에서 일을 하거나 학생을 가르치거나 하는 직업을 가져서 정당히 노력을 하고 생산을 하면서 살아갈 겁니다.'

상업도 불로소득이라고 생각했던 것이다.

그렇게 말했던 내가 승려가 되어서 어릴 때를 새삼 회상해 본다. 그때 그 스님께서 '잘 살기 위해서' 라는 말씀이 이제는 충분히 이해된다.

말을 삼가하고 뜻을 지키며 몸으로 악한 행실 행하지 않고 이 세 가지 업을 깨끗이 하면 도를 얻는다.

작은 즐거움을 버림으로써 큰 기쁨을 얻을 수 있다면 어진 이는 작은 즐거움을 쾌히 버린다.

-〈법구경〉

인생을 보람되게 살고 고뇌없이 살고자 노력하고 생사에 얽매이지 아니하는 부처님 교훈을 배워 행하고 타인에게 전하면서 사는 것이다.

부지런히 마음 공부를 하면서 불교를 가르치고 포교하니까 그 속에 삶의 보람과 긍지를 가진다.

그래서 잘 산다는 것에 대하여, 어릴 때는 부지런히 노력하여서 재물과 명예를 많이 가져야 되는 것이라 생각했고 지금은 윤리를 지키면서 보람과 긍지를 갖는 것이며, 또한 내일과 죽음과 내생을 차근차근히 준비하는 삶이라 생각한다.

조석으로 부처님을 깊이 생각하고 부처님 따르기를 발원한다. 인연 닿는대로 인간 본성대로 살도록 노력하고 맑고 기쁘게 살자 하고 그렇게 살도록 부처님 교훈을 배워서 행하면서 전하는 것을 보람으로 여긴다.

얼을 지키는 정토화(淨土化) 실행

우리는 국조(國祖) 단군의 홍익인간(弘益人間) 이념을 근간으로 하여 4천여 년의 유구한 역사 속에 꽃핀 찬란한 문화와 동양윤리를 자랑하는 민족이다. 그리고 민족의 불운과 고난이 있을 때마다 온 국민이 자비 관용으로 화합 단결하여 극복하였다.

이런 역사 속에 몇몇 종교나 윤리도 서로 융화되었다. 변전 무상한 진리 속에 약간의 다른 신앙이나 윤리관과 가치관이 우열의 변화는 있었지만 동양의 심본(心本)철학과 신앙으로 관용하며 역경을 극복하고 조상의 얼을 존중하고 계승하였다.

그런데 근세 서양의 물질문명과 유일신(唯一神)사상이 무분별 흡수되어 개인적 이기주의와 배타성이 팽배해졌다.

가치관이 혼동되고 우리의 자주정신이 말살되어 가는 현상은 심히 안타까운 현실이다.

우리는 조상의 자주 얼을 지키고 불교의 자비 방생으로 현세를 정토화(淨土化)해야 하겠다.

불교는 도를 이루기 위하여 삼학(三學:戒定慧)을 닦는다. 계행

(戒行) 중에서 생명의 존엄성과 평등성을 중시하여 불살생계(不殺生戒)를 으뜸으로 한다.

불도(佛道)의 실천덕목에 육바라밀〔六度〕이 근본인데 여기서는 보시가 우선이다.

이렇게 보시와 자비를 부처님께서 역력히 가르치셨다.

오늘날 대중들도 외치고 있으나 작금의 우리나라 불교인 중에 이웃과 사회를 위하여 자비 보시하는 이는 드물다.

근간에는 방생법회를 자주 한다. 미꾸라지나 자라 등의 고기를 살려주고 염불 축원한다. 이 의식은 전통 불교의식으로 죽음의 고통으로부터 방면하여 생명의 존엄과 방생(放生)을 가르치고 실행하는 데 중요한 의의가 있다. 그러나 미꾸라지나 자라가 선택받은 동물이거나 이 고기를 살려주어야만 공덕이 크다는 것은 아니다. 이 고기들이 육지에서 오래 견디므로 이용된다고 생각한다.

그런데 근자에 물고기 방생이 방생의 근본이며 시종(始終)인 것으로 잘못 알거나 잘못 지도하는 분이 있기도 하다. 그리고 물고기 방생과 아울러 성지참배를 하는 것까지는 좋으나 원거리 여행으로 교통비의 소모가 심하며 차내(車內)에서 기도보다 고성방가를 하는 놀이 성향이 있어 종교 본래 뜻을 흐리게 한다.

우리 불교가 사회와 민중을 선도하고 온 국민에게 호응하는 종교가 되어야 한다.

불교의 발전을 위하여 사회의 안정과 정화를 위해서는 이 자비 방생을 인간에게로 돌려서 가까운 이웃에게 자비로써 보시와 방생을 하여야 한다. 그리하여 사회에 참여하는 불교가 되고 국민에게 앞장서서 보이고 실행하게 해야 한다.

이런 뜻을 현실에 맞게 실행하고자 본인이 이번에 몇몇 불자와 함께 정토복지회(淨土福祉會)를 구성하였다.

'우선 자비의 손길을 모아서 불우하고 고독한 노인을 방문하여 따뜻한 정담을 나눈다. 도량 청소나 의복 세탁 한번을 해 드리더라도 자신의 아만을 버리고 맑은 마음으로 겸손하고 인정스럽게 해 드린다.

서로가 보람되게 해야 하고 불우한 소년이나 소년가장 가정을 방문하여 작은 선물이라도 주면서 생활의 격려를 해주어 힘과 용기와 희망이 깃들이게 해야 한다.'

이것이 위문품 상자를 쌓아 놓고 사진 촬영을 하고 악수나 하고 가는 것보다는 더 좋은 자비 방생이며 정토화(淨土化)의 일환이 될 것이다. 그리하면 서로가 보람을 느끼리라 믿는다.

'마음이 맑은 고로 견진(見塵)이 맑고, 견(見)이 맑은 고로 안근(眼根)이 청정하며, 안근이 맑은 고로 안식(眼識)이 청정하며 식(識)이 맑은 고로 문진(聞塵)이 맑다. 이와 같은 고로 이비설신의(耳鼻舌身意)로 발연함이 모두 청정하다. 따라서 한 몸이 맑으면 한 가정이 맑고 가정이 맑으면 사회가 맑고 국토가 청정하다.' 라고 〈원각경〉에서 말씀하셨다.

이와 같이 내 한 생각 한 행동을 맑게 하므로 자신이 극락에 한층 다가서고 사회와 국가를 그만큼 정토화하는 것이다. 이것은 쉴 새없이 변하는(無常) 세상에서 나 자신을 내세우지 않고(無我), 타인과 사회를 위해 헌신 봉사할 때 진정한 나(眞我)를 찾는 길이요 영원한 자신을 지키는(永生) 길이다.
 이런 보람된 일이 또한 한 민족의 자주 얼을 계승 발전시키고 불국 정토화(佛國淨土化)하는 것이다.

효도하며 수행하자

우리는 조상 대대로 충성과 효도를 배우고 익히고 행하여 왔다. 가정에서 가장 중시하는 예의와 도가 효도이며 국가에는 충성을 중요시하고 있다.

만일 중생이 인간으로 태어나 부모에게 효도하지 않고 스님과 스승을 존경할 줄 모르며 진실하고 미덥게 행하지 않고 복덕을 짓지 않으며 후세의 죄를 두려워하지 않으면 그는 이것으로 인연하여 몸이 무너지고 목숨이 끝난 뒤에는 지옥에 나게 되어 고통을 받게 된다.

- 〈중아함 천사경〉

이와 같이 선행을 하고 복을 짓는 데에도 부모에게 효도함은 가장 필수적인 덕목이다.

효도에는 세 가지가 있다고 〈아함경〉에서 설하고 있다.

'어버이에게 의식을 제공함은 하품(下品)의 효양이요, 어버이의 마음을 기쁘게 하면 중품(中品)의 효양이며, 부모님께서 공덕을 짓게 하시고 그 공덕을 여러 부처님께 회향함을 상품(上品)의 효

양이라 한다.'

 그런데 요즘 사람들은 부모님께 효도를 하고 싶어도 멀리 계신 부모님을 자주 뵈옵지도 못하고 같이 모시고자 해도 뜻이 맞지 않는다고들 한다.

 이렇듯 이런저런 핑계와 구실을 붙여서 부모와 자식이 이산가족이 되어 버린 가정이 요즘 허다히 많다.

 시골에 남겨진 연로한 우리의 부모가 의식주 걱정은 아니할지언정 외롭고 힘겨움은 얼마나 많으신지, 무슨 애로가 있으신지, 외로움과 허전함은 어떻게 위로해야 할지 깊이깊이 생각해 본 적이 있는가?

 직무, 사업, 자녀교육도 중요하지만 부모님 잘 모시는 것을 바쁜 순서에서 몇 번째로 하고 있는가?

 '어버이 은혜는 부모님을 머리에 이고 삼천세계를 돈다 해도 다 갚지 못한다.' 라고 〈부모은중경〉에서 말씀했으며 '효순자는 효순자를 낳고 오역자는 오역자를 낳는다.' 는 말도 있다.

 지극한 정성을 기울여 부모님 마음을 편안히 하는 일을 모든 일의 첫째 순위로 여긴다면 효행을 제대로 하리라 생각된다.

 자녀를 둔 성인이면, 살아계신 부모님의 마음을 편안히 할 뿐만 아니라, 불법을 믿고 알고 행하게 안내해 드려서 생사의 법칙을 확실히 알아 인생의 최후를 두렵지 않게, 또한 사후에도 영원한 길을 닦게 하고 선행을 베풀고 공덕을 짓게 해 드리는 것이 최상의 효도이다.

 고인이 되신 부모를 위해서도 천도기도와 왕생발원 재불공이나 법공양을 행하여 공덕을 지어 드리는 것이 좋은 효도이다.

이러한 행이나 의식은 자녀에게도 효를 가르치는 것이요, 은덕을 지어 주는 것이다.

청년이나 소년들이 행할 효도는 부모님 기대에 벗어나지 않게 최선의 노력을 다하는 것이요, 또한 부모님의 보호를 받는 중에라도 자신이 부모님과 가정을 위하여 할 수 있는 일은 스스로 찾아서 하는 것이 효도이다.

그리고 이렇게 웃어른과 부모님을 잘 공경하는 마음과 자세가 되어 있으면 다른 일들도 잘될 뿐만 아니라 자신도 인격자가 되고 대우를 받을 것이다.

인격도야와 복을 짓는 데에도 효도를 아니하고는 될 수 없으니 효도와 수도가 별개가 아니라고 생각하며, 이런 효행을 원만히 할 때 국민 인격도 제대로 형성되고 사회도 맑고 화합되며 질서가 정착되리라 본다.

새해 아침 발원문

희망찬 새해가 찬란한 빛 비추니 온 정성 가다듬어 발원하옵나이다.

부처님 대자비 광명이 방방곡곡에 가득하여 온 국민 개개인의 마음속 깊이 비치어 탐진치의 어둠을 환히 밝혀서 슬기롭고 환희에 차게 하옵소서.

세계도 자연도 변화하는 가운데 변함없는 불심(佛心)으로 창조와 발전을 이루도록 원력을 세워 차근차근히 실천하겠습니다.

또한 아집과 편견을 버리고 '내 것이다. 내 편이다' 라는 틀을 벗어나 가슴을 활짝 열고 대화하며 화합과 번영을 향하여 힘차게 힘차게 나아가고자 발원합니다.

부처님의 계율을 새삼 새겨서 예의 범절 지켜 질서규범 정착되고, 정직과 겸손으로 서로 믿고 돕게 하소서.

부처님 자비정신으로 생명을 존중하고 생명을 상하게 하는 질병, 사건, 사고는 없도록 예방점검을 철저히 하게 하옵소서.

천수천안(千手千眼)으로 우리 강산을 살피고 우리 얼을 지켜주는 부처님,

아직도 님의 묘법(妙法)을 모르는 자, 님의 자비로운 품안으로 오게 하시고, 바른 신행을 못하는 자에게 바로 배워 쉼없이 정진하게 하시고, 배우고 행하는 자에게 대승보살의 원력으로 불교를 조리있게 전하여 온 겨레를 정법의 도량으로 인도하여 정각 성취 그 날까지 정진에 정진을 거듭하게 하소서.

만인의 자애로운 어버이신 부처님,

우리 모두 번민과 불화는 없고 밝은 소망 이룩되어 가정과 직장마다 행복한 웃음 가득한 밝은 세상 보람찬 나날 되게 하소서.

그리고 언제나 어디서나 부처님처럼 자신을 잘 가꾸고 중생을 제도하는 참다운 불자(佛子) 되게 하소서.

나무 마하 반야바라밀

나무 석가모니불.

- 올해년 새해 아침

부처님 오신날 발원문

만인의 스승이시며, 온 누리의 빛이신 부처님!
　가고 옴에 걸림없이 온갖 생명을 큰 자비로 구제하시고 큰 지혜로 깨닫게 하시는 부처님!

　2600여 년 전 이 사바세계에 오시어 '하늘과 땅 위에 나 홀로 존귀하니 온 세상 고통받는 이, 내 마땅히 편안케 하리라.'고 외치심으로부터 고행성도 하시어 만인을 평등하게 모두를 화합하게 고난에서 벗어나게 하시었음에 엎드려 감사드리고 본받아 행하겠습니다.

　탐진치로 어두워진 마음, 계정혜로 등불 밝히고 아집과 질투와 개인주의와 물질만능에 더럽혀진 생각과 사회를 님의 감로수로 깨끗이 맑히고 복된 가정, 밝은 사회 되게 하소서.

　부처님의 크신 위신력과 대자비 광명으로 강대국들 이기주의 억압이 선량한 양심으로 변하고, 북한의 야욕과 광분도 화해와 양보로써 민족이 대화합되어 평화통일 이룩되게 하소서.

현실 속 간인의 나태와 삿된 욕망과 무분별한 대립 경쟁을 우리 모두의 공리공존 의식으로 교화하시어, 더욱 빛나는 불국토 되게 하옵소서.

이제 우리 모두 대화합, 대평등, 대자유의 교훈을 성실히 행하여 좋은 나날 누리게 하옵소서.

나무 석가모니불.

동료 · 이웃부터 부처님 가르침 전해야

　부처님 교훈과 진리의 말씀을 법이라 한다.
　법을 타인에게 알려 주고 전해 주는 것이 법보시이며 이 법을 많은 사람에게 전파하는 것이 포교이다.
　이 법을 전하는 데는 가까운 가족부터 알려서 이해시키고 벗이나 동료 이웃에 전하면 될 것이다. 그 방법은 불교경전을 읽고 그 말씀을 그대로 전하거나 온 가족이 앉아서 우리말 경전을 같이 읽으면 마음으로 공감대가 형성되고 뜻을 이해하면서 부처님 교훈을 깊이 새겨서 생각과 행동이 맑아질 것이다.
　또한 부처님의 명호인 석가모니불이나 관세음보살을 부르면서 염불하는 것을 칭명염불이라 하는데 이 칭명염불을 가족이나 동료가 함께 하면 잡념을 씻고 맑은 마음 되어 가정으로부터 삿됨이 물러가고 밝은 가정 좋은 나날이 될 것이다.
　특히 불자 어른들은 자녀와 이웃 학생들에게 불교를 상세히 가르치는 기회가 부족한 것을 안타깝게 생각하고 가까운 가족과 자녀 및 청소년들을 이해시킬 수 있는 설법과 독경과 서화 한 대목이라도 틈틈이 부지런히 전해야 되겠다고 새삼스레 느낀다.

법공양

주어도 퍼 주어도
줄지 않고 늘어나는 것
주면 줄수록 아름답게 빛난다.

누구나 누구에게나
들은 대로 아는 대로
전해주면 주기도 쉬운 것

자기를 바로보고
만인을 구제하는
법공양일세.

출가(出家)의 깊은 뜻

음력 2월 8일은 부처님의 출가재일이다.

고타마 싣달타 태자가 왕궁을 떠나서 고행수도의 길로 뛰어든 그날인 것이다.

그는 국왕의 위대한 권력과 부귀영화도, 사랑하는 아내와 아들도 모두 한올의 미련도 없이 버리고 오직 생로병사(生老病死)라는 인생의 가장 근본적인 문제를 해결해야겠다는 굳은 의지를 품고 출가했다.

부처님은 6년 간 가지가지 고행(苦行)을 하면서 '육신의 죽음은 자연의 법칙이므로 당연한 것이다. 그러나 영혼은 영구히 불멸하므로 진리적, 영적 삶을 영원히 누릴 수 있다.'는 것을 깨달았다.

연기법으로 생사의 법칙을 확철대오했던 것이다.

20세기 물질문명의 풍요를 누리고 자유민주주의 사회를 사는 현대인은 싣달타 태자의 출가를 생각하며 무엇을 깨우치고 어떤 실천행을 해야만 할까?

편의주의 생활만을 추구하는 현대인들은 가만히 앉아서 리모콘 버튼만을 눌러서 하고 싶은 것을 이루고, 거리가 복잡하거나 매연과 소음이 심한 것은 알 바 없이 단 몇백 미터도 자동차를 타고 가면서 몸을 아끼고 취미와 오락에 돈과 시간과 육체를 바친다.

이러한 향락적 편리와 이기주의에 젖은 요즘, 부처님의 출가 정신이 절실히 필요하며 그 정신을 새삼 새기고 실행해야 한다고 믿는다.

자신의 삶을 알차게 영구적인 차원에서 살피면서 일시적 편리나 이기주의를 극복하고 육체적 수고를 피하지 말자. 일회용 그릇 대신에 식기를 씻어 쓰고, 아무렇게나 버리던 쓰레기도 잘 분리하여 버리고, 작은 흠집이 난 가구나 용품은 고쳐 쓰면서 수고와 운동을 조금 더 하는 것이 자신의 건강과 가정의 행복과 사회의 안정을 지키는 것임을 깨쳐 실행해야 한다.

이것이 진정 지혜로운 삶이요, 진리에 순응하는 것이다.

일시적으로 눈, 귀, 코, 입 등이 즐겨하는 것에만 이끌려서 시간을 허비하면 진정한 자기와 동요없는 편안함은 언제 찾을 것인가?

언젠가는 필연적으로 맞이하게 되는 죽음을 아무런 준비도 없이 직면하면 죽음의 문턱에서 두려워 벌벌 떨고 고통을 면할 수가 없다.

아무리 경제 생활이 윤택하고 발달된 문명 하에서도 죽음을 대신해 주거나 고통을 대리로 받아주거나, 사고(死苦)를 해결해 주지는 못한다.

그러므로 평소에 생의 마감을 준비하고 자연의 섭리대로 갈 때

되면 태연하게 가겠다는 확신과 다짐을 하고 훈련과 연습이 필요한 것이다.

말하자면 '이렇게 살기 좋은 세상이니 절대로 죽지 말아야지, 오래 살아야지.' 하는 생각도 버리고 '세상살이 뜻대로 되지 않고, 주변 사람도 속 썩이니까 빨리 죽어버려야지.' 하는 생각도 하지 말고 '때가 되면 자연히 가겠지.' 하는 지극히 순리적인 생각을 하는 것이다.

그리고 부처님의 자비를 본받아 자비보살행으로 보시공덕을 짓고 지혜행을 본받아서 염불삼매와 선정행을 닦아야 육신이 끝난 사후에도 청정하고 영원한 세계에 태어난다. 그런 영원생을 누린다고 믿음으로써 죽음을 두려워하지 않고 자연스럽게 초연하게 맞이할 수 있을 것이다.

그리고 어떤 어려움도 묵묵히 참고 참회와 염불(부처님을 깊이 생각하며 명호를 부르는 칭명염불 등)과 참선을 하여 고요히 번뇌 없을 때 열반과 해탈의 경지에 다다를 것이며 이것이 완전할 때 해탈인 것이다.

어린이와 함께하며

전국의 어린이 지도자 여러분, 새해에도 부처님의 지혜와 자비가 충만하여 하시는 일이 순조롭게 성취되고 내내 건강하게 수행과 포교에 정진하시기를 간절히 기원하옵니다.

요즘의 학교 교육은 지식 주입에만 매진하고 있고 서구의 사상과 문화가 깊이 배어 물질 만능주의가 팽배해 있습니다.
이러한 아동들에게 부처님의 거룩한 가르침을 심어서 원만한 인격자가 되게 해야 합니다.
아동 포교불사에 임하는 지도자는 부처님의 가르침을 전하는 사자로서 주체성 없이 표류하고 있는 우리 민족사의 흐름을 바로잡아서 민족 자주성과 주체성을 지켜 나가는 막중한 사명을 띠고 있는 큰 일꾼입니다.
불교 어린이 지도자는 부처님의 사자이고 민족 얼을 지키는 장수이며, 자신을 잘 지키는 수행자이고, 아울러 부처님의 진리를 전해서 법륜을 굴리는 윤활유인 것입니다.

그렇지만 자만심을 가져서는 아니 되며 어린이에게 자신을 내세우는 것은 더욱 금물입니다.

항상 어린이에게 배우는 자세로 어린이가 진정한 스승이며 부처님이라고 생각합시다.

언제나 정성을 다하고 어린이를 내 몸처럼 아끼고 진정으로 사랑하고 어린이와 잘 화합하여 원만한 지도를 하는 것은 부처님의 은혜에 보답하는 것이고 불자로서 자신을 가꾸고 개척하는 것이며 또 하나의 인생과 철학을 공부하는 것입니다.

또한 이러한 자세로 임할 때 잡념없이 정진할 수 있고 항상 보람을 느낄 수 있는 것입니다.

전국의 어린이 지도자 여러분, 소승이 미력하오나 저의 어린이 포교 경험을 몇 가지 말씀드리겠습니다.

십수 년 전에 어린이 포교의 필요성을 통감하고 부산 금화사에서 어린이법회를 개설한 이후로 약2년을 제외하고는 10년 넘게 일요일 오전에 외출 한 번 한 적이 없이 어린이와의 약속은 꼭 지킨다는 신념으로 이끌어 왔습니다.

'82년에는 부산의 젊은 지도교사들과 함께 연합회의 필요성을 공감하여 '지도자연합회'를 구성했습니다.

더불어 동화책, 교리 서적 등을 보고 연구하여 그 이론적 체계를 세우고 실질적으로는 어린이를 만나며 차츰 배우고 익혀왔습니다.

그런 가운데 정립된 것이 있다면, 다음과 같은 것입니다.

첫째, 어린이에게 많은 교리를 가르치려 하면 어린이가 지루해하고 역효과가 나므로 작은 분량의 핵심을 확실하고 상세하게 가르친다.

둘째, 어린이의 눈과 귀가 교사(법사)에게 집중되도록 수시로 유도한다. 그러기 위하여 어린이 전체에게 눈길을 고루 보내고 말의 리듬을 잘 타야 한다. 음의 고저장단을 조화롭게 하고 분명한 발음으로 표정도 잘 나타내야 한다.

셋째, 법회 시간 운영에 있어서 한 가지 내용이나 한 지도자가 오랫동안 진행하지 말고, 15~30분 사이로 교대하는 것이 바람직하며 고학년, 저학년, 신입반으로 분반, 지도하는 것이 좋다.

넷째, 놀이시간을 위해 귀중한 법회시간을 허비하지 말고 흥미롭고 쉬운 것을 골라서 한다.

다섯째, 떠들거나 집중이 안 될 때 '부처님 합장!' 하며 조용히 시킬 수도 있지만 어린이의 귀에 생소한 '옴남', '옴치림', '수리수리 마하수리' 등의 진언이나 청아하고 엄숙한 염불을 하는 것이 신앙적이요 효과적이다.

여섯째, 법문 말미에 내용을 정리하여 복창하게 하거나 조용히 다시 경청하게 한다.

일곱째, 어린이의 질문을 많이 받아 준다.

여덟째, 잘하는 어린이에겐 칭찬을 해주고 못하는 어린이에겐 꾸중보다는 부끄러움을 느끼게 하고 부처님께 참회하도록 한다.

아홉째, 어린이와 즐겁게 같이 놀아주는 시간을 자주 가진다.

열째, 불교의 위대함과 신비함, '불단, 향, 초, 공양 등'을 자주 가르친다.

끝으로 주지 스님과 지도 법사님과 선생님이 자주 의논하고 대화하며 계획 점검해야 한다.

그리고 요즘 어린이의 흥미를 끄는 텔레비전, 만화, 스포츠게임 등이 다양하게 있으므로 교사도 어린이를 능가할 새로운 것을 선보여야 한다.

상기의 체험이 어린이 지도에 참고가 되었으면 합니다.
지도자 여러분! 정당한 원력으로 정진하면 반드시 성취합니다.
소승은 '일일부작(一一不作)이면 일일불식(一日不食)' 이라는 말씀을 책상 위에 적어 두고 일이나 공부나 부딪치는 대로 해야한다는 신념으로 정진하고 있습니다.
여러분도 이러한 원력으로 정진하여 이 나라의 정신적 종교적 혼란을 불심으로 안정되게 하고 온 국민이 화합하는 데 공헌합시다. 여러분의 아동포교의 공덕으로 각자의 보리증득과 안락성취를 진심으로 발원합니다.

정리한 가르침

전국의 불교 어린이 지도자 여러분!

금년 어린이 여름 불교학교에서는 현 시대에 맞고 현 사회를 선도할 수 있는 불자로서의 교육이 효율적으로 이루어져야만 하겠습니다.

그리고 짧은 시간에 불교를 가르치고 흥미롭게 해야 하므로 그 중에서 불교의 좋은 점과 불교의 대의를 정리하는 사전 준비와 노력이 필요합니다.

현재 우리나라는 종교 백화점을 방불케 할 정도로 여러 종교가 난립해 있습니다. 그리고 서구의 편의주의와 물질만능주의에 남녀노소를 막론하고 물들어 있습니다. 우리의 얼과 신앙, 문화가 과연 자주, 자립할 수 있을까 하고 걱정되기도 합니다.

그러나 불교는 일찍이 인도의 다민족 · 다종교 · 계급주의에서부터 민중을 선도해 왔으며, 어느 종교보다 미신의 소지가 없는 과학적, 철학적이며 합리적인 종교입니다.

그런데 근세 포교전법의 규모와 방법에서 부족한 점이 있어 왔습니다.

하지만 지금부터라도 이 점을 잘 보강하면 불교가 우리 민중을 선도, 화합할 수 있다고 믿으면서 어린이 포교에 필수적인 몇 가지를 열거합니다.

불교는 자연 과학적으로 앞섰습니다. 시간적으로 과거는 무시이래로부터 우주가 있어서 무한한 미래까지 존재합니다. 사람도 마찬가지입니다.

다만, 인연과 인과에 따라 변화하고 있습니다. 공간적으로는 우리가 사는 세계가 사바세계(지구)이고, 이것이 3천 개 모여 소천세계가 되고 소천세계 3천이 모여 중천세계가 되고 중천세계 3천이 모여 대천세계가 되고, 이것이 갠지스강 모래 수만큼이나 많다고 〈능엄경〉에서 말하고 있습니다.

이것이 우주입니다. 불교는 사회과학적으로 모든 사상을 앞섰으며 완전합니다. 사성제의 계급을 없애고 평등과 자유로 화합하고 계율로써 질서와 규범을 잘 세워서 육신을 잘 보존하며 마음도 평안하게 합니다.

사람이 죽은 후에도 영혼은 윤회하고 육신을 화장하므로 땅 면적이나 지면을 차지하거나 유골에 얽매이지 아니하며 유골의 보존에 번거러움이 없습니다. 그리고 영혼은 불법대로 신행하면 다시 좋은 데 태어납니다.

불교는 인문과학적으로 완전합니다. 단체나 개인을 잘 조화시킨 육화합(六和合)과 사섭법(四攝法)이 있으며, 인간은 힘(한계)을 초월하여 누구나 초능력을 보유하고 마침내 완전히 깨달음(부처)으로 다다르는 것 그것이 불교의 최고 장점이라고 하겠습니다.

이와 같은 기본 지식을 바탕으로 하여 선정(禪定)으로 잡념과 고통을 이기고 학업성적 향상, 나쁜 버릇 개선, 작업 능률 증대, 그리고 자신이 주인공이며 자기 마음을 다스려서 마음 공부를 하면 된다는 용기와 신심(信心)을 심어 주어야 합니다.

중생, 육도, 윤회와 〈부모은중경〉에 나타난 출생의 10개월 과정을 흥미롭게 생물학적으로 연관하여 말하며 효도를 가르칠 수도 있습니다.

불교를 방대하게 늘어 놓거나 한 부분만을 장님이 코끼리 만지듯이 가르쳐도 안 됩니다.

여러분은 불교의 대의를 간단히 말할 수 있어야 합니다.

부처님을 믿고 따라서 고통과 무지에서 벗어나고 지혜를 깨달아 안락하고 영원한 삶을 사는 게 불교의 궁극 목적으로 이런 진리를 정확히 가르칠 수 있어야겠습니다.

두 고개를 넘어서

　수행을 꾸준히 하는 것이나, 포교를 꾸준히 하기 위해서는 지대한 원력(願力)이 있어야 한다.
　자기완성을 위하여 오는 잠도 참고, 즐거움을 누릴 수 있는 유혹도 과감히 물리치고 자신을 철저히 살펴야 하는 것이다.
　지적(知的)·물적(物的) 봉사는 물론이다. 이것이 보살행이며 포교(布敎)이다. 수행과 포교는 별개가 아니다. 어린이 법회에 임하는 지도자 모두가 아동 포교를 슬기롭게 원만히 하는 것이 자기 수행이 되는 것이다.
　포교나 봉사 또는 공공의 직무에 있어서도 하나의 일을 맡으면 일이 순조롭게 되어도 자만심을 갖지 말고 더욱 세밀히 검토 점검하고 향상 발전하기 위하여 연구 노력해야 한다.
　어린이 법회도 어린이가 꾸준히 잘 참석하고 진행에도 큰 문제 없다고 생각되더라도 지속적인 발전을 위해 연구, 기획해야 한다.
　어린이에게 참으로 필요한 것을 가르치는지, 흥미위주로 진행만 하고 있는지는 점검해야 한다. 부처님의 법대로 가르치면서 이 법을 아동이 잘 소화 흡수하고 있는지도 꼼꼼히 살펴야 할 것이다.

다음에 중요한 것은 역경에 부딪쳤을 때 참고 견디면서 퇴굴하지 않고 슬기롭게 이겨나가야 한다. 어떤 소임을 맡거나 봉사할 것을 약속했으면 칭찬이나 보람 못지 않게 곤혹과 당혹함, 욕설, 원성까지도 감수할 준비가 되어야 하고 실제 그런 일까지 감수해야 한다.

불기 2537년 여름 김천 직지사에서 정토사 어린이와 직지사 어린이 약 700명의 어린이가 2박 3일간 짜여진 일정대로 여름 불교학교를 마쳤다. 모두들 피곤하면서도 기뻐하고 보람을 느꼈다.

그런데 회향식을 마치고 점심공양 후에 정토사 어린이들을 울산행 전세버스 5대에 태우고 인원 점검을 하니 아동 1명이 없는 것이었다. 3학년 학생이었는데 이 어린이의 형은 동생이 없어졌다고 울고 있었다.

혹시 피곤하여 절에서 잠이 들었나 하고 직지사 각 법당마다, 방마다 샅샅이 찾고 사내 방송을 통하여 찾고 하는 동안에 우리 어린이 법회 지도교사들은 안절부절하고 연모회(어머니회) 회장님도 가슴을 졸이고 있었다.

내 생각에는 부처님 제자로서 포교 불사를 했는데 다른 일은 없으리라 생각하며 애써 침착함을 잃지 않으려고 노력했다.

혹시 직지사에서 운행하는 다른 버스에 잘못 타고 갔을 수도 있으니 기다려 보자고 말은 했지만 아무리 어린이법회를 잘하고 여러 스님과 선생님이 주야로 봉사를 했더라도 아동이 실종된다면 법회를 아니한 것보다도 더 큰 불행을 초래할 수 있다는 생각이 들면서 눈앞이 캄캄해지는 느낌이었다.

그렇게 찾고 헤매는 동안 220여 명의 정토사 불자들도 긴장해하기를 약 100분. 직지사에서 김천 시내를 돌고 온 버스에 찾고 있던 어린이가 타고 왔다.

그 순간 환희의 함성이 터지며 눈물을 흘리는 사람도 많았다. 짧은 순간이지만 나의 얼굴이 창백해져 있다가 풀리는 모습이 역력했다고 연모회 불자들이 얘기했다. 요즘도 그때를 생각하면 눈시울이 뜨거워지고 가슴이 뭉클해진다.

이 이야기와 비슷한 일들은 어린이 법회를 오랫동안 해 오면서 흔히 겪는 일이기도 하다. 어린이가 집에 돌아가서 부모님께 인사 없이 자기방에 들어가 자는 바람에 아동이 귀가하지 않았다고 항의를 하여 당황하게 한 적도 있었다.

이럴 때마다 부처님의 '두 번째 화살을 맞지 말라.' 는 말씀을 떠올리며 서두르고 조급하면 오히려 화를 만나니 침착하게 풀어 가자고 위로하면서 이런 원망과 역경도 책임으로 감수하며 이겨야만 진정한 수행이요, 자신의 성장을 기대할 수 있다고 격려했다.

존경과 칭찬에도 자만하지 않고 역경과 원망과 시기, 질투에도 굴하지 않는 힘들고 어려운 숱한 고개를 넘어야 수행과 포교의 길이 탄탄하게 될 것이다.

정토 구현은 내 고장 포교부터

　내 고장 울산은 문수사·동축사·석남사 등의 고찰이 현존하고 있으며 영취사(靈鷲寺), 망해사(望海寺), 청송사(靑松寺) 등 대가람의 터가 있어 조상 대대로 불심(佛心)이 깊은 고장임을 느낄 수 있다.
　근세 울산은 산업화 공업도시로 급성장하면서 전국 각지에서 모인 사람으로 60만 인구가 붐비는 대도시로 성장했다.
　이렇게 산업화에 따른 인구 증가에도 불구하고 상구보리 하화중생하는 불자의 증가는 이를 따르지 못한 것 같고 반면 서양 종교는 외견상 인구 증가에 비례하여 늘어나는 것 같다. 이런 즈음에 우리 고장의 포교 활성화가 절실하다.
　우리 고장 포교를 활발히 하는 데 전체 불교인의 단합된 의지로써 불법(佛法)을 실천 수행하여 비불자 시민으로부터 불교 및 불교인의 신뢰와 경애(敬愛)를 받아야 한다.
　그런 연후에 불법을 차근차근히 전하고 가르쳐야 한다. 상기의 목적을 달성하기 위해서는 스님들도 정진하셔야 하지만 사회 곳곳에서 일하며 중요한 비중을 차지하고 있는 청년 불자들의 노력이 무엇보다 필요하다. 현세의 청년은 생산적 활동 시기이며 사회 지식과 고등 학력도 갖추고 있으므로 웃어른 신도들과 아래의 학생 청소년에 이르기까지 전법교화(傳法敎化)가 가능하리라 믿는다.

내 고장 포교를 위하고 불법을 모두 믿고(信), 알고(解), 실천(行)하여 깨달음과 정토 구현(證)을 해야겠지만 방대 무변한 〈팔만대장경〉을 일시에 다할 수 없으니 이 시대에는 육바라밀과 육화경행(六和敬行)을 생활 속에 신행(信行)하도록 전하는 바이다.

◉ 육바라밀(布施, 持戒, 忍辱, 精進, 禪定, 智慧)은 다 아실 것으로 보고 설명을 생략한다.

◉ 육화경행(六和敬行) : 육화합(六和合)이라고도 하며 서로 화목하고 친하는 여섯 가지 수행 및 생활 방법이다.

① 신업동화경(身業同和敬 ; 身慈和敬) : 몸으로 자비 화합하여 같이 머무른다.(나 혼자 뜻으로 움직이지 않는다.)

② 구업동화경(口業同和敬 ; 口慈和敬) : 말로써 화합하여 존경하여 말한다.(남이 싫어하는 언사는 하지 않고 고운말을 쓴다.)

③ 의업동화경(意業同和敬 ; 意慈和敬) : 뜻으로 자비 화합하여 같이 생각하고 걱정한다.(나만을 내세우지 않고 남을 비방하지 않는다.)

④ 동계화경(同戒和敬 ; 戒和同事) : 계행으로 자비 화합하여 같이 일하고 행동한다.(개인 행동을 하지 않고 공공질서를 어기지 않고 잘 지킨다.)

⑤ 동견화경(同見和敬 ; 見和同解) : 견해로써 화합하여 서로를 이

해한다.(가정과 직장에서 상대방의 입장으로 돌아가서 타협하고 이해하여 갈등을 해소한다.)

⑥ 동시화경(同施和敬;利和同均):이익과 나눔으로 화합하여 서로 잘살게 한다.(자신의 이득을 타인에게 베풀어 균등히 되도록 한다. 나의 작은 손해가 타인에 큰 이익이 된다면 실행한다.)

상기의 육바라밀[六度]과 육화합(六和合)을 생활 속에 적극 활용 실천해야 한다. 구체적으로 말하면 매일 육바라밀과 육화합을 독송하며 온종일 잊지 않고 행한다. 이것이 인욕이요 정진이며 수행이다.

하루 일과 속에 30분 정도라도 독경 염불 기도하고 밥먹기 전후, 잠자기 전후에 꼭 합장 염불 기도를 하자.

-1990년 4월

담배씨만큼 돕고 호박만큼 얻는다

수년 전 부산에 있는 정박아 및 지체장애자들이 사는 한 복지원을 방문했다. 불교청년회원과 불교학생회원 30여 명이 함께 갔다. 복지원에 사는 아동들이 강당에 모였다. 준비해 간 과일과 과자도 주고, 노래도 같이 했다. 그리고 소년 소녀들의 방을 둘러보았다. 강당에 나오지 못하고 방에서 딩구는 아동도 있었다. 그런데 안내 직원이 일반인에게 공개하지 않은 방이 있다고 말했다.

그러자 우리 청년회원이 부탁했다.

"일반인에게는 공개하지 않더라도 우리 스님께서 한번 보시고 부처님과 자비인연을 맺게 해 주십시오."

안내 직원이 아주 구석진 곳으로 우리 일행을 인도했다. 똥냄새와 지린내 등의 역한 냄새로 코가 곤혹스러울 지경이었다. 가장 구석진 곳에 방이 하나 있었다. 방문 밖으로 큰 자물쇠가 잠겨 있었다. '으어, 으어.' 하는 약하고 차디찬 울음소리인지 신음소리인지가 흘러나왔다. 직원은 자물쇠를 열고 방안을 보라고 했다.

방이라고 하기엔 을씨년스러웠다. 도배를 하지 않은 시멘트벽과 방바닥이 보였다. 마치 창고나 축사처럼 보였다. 그 방에 네 사람이 있었다. 한 명은 몸통에 옷을 반만 걸치고 엎드려 있었다. 또 한 명은 벌거벗은 채로 벽을 붙잡고 벽을 긁고 있었다. 다른 두 명은 한 사람 위에 한 사람이 가로로 몸을 포갠 채 엎드려 울고 있었다. 뼈와 가죽만 남아서 마치 심한 병이 든 짐승이 죽기 직전에 서로 엉켜서 죽음을 기다리는 것 같았다.

직원이 말하기를 하루 세 번씩 밥을 들여 주고 하루 두 차례 이 방에 설치된 수도꼭지의 물로 시멘트 방바닥과 벽을 세척한다고 했다.

이 방에 있는 장애인은 지능지수(IQ)가 35 이하로 추정된다고 한다. 지능 지수가 35 이하이면 개보다 지능이 낮다는 것이다. 그래서 밥과 똥을 구분하지 못할 때도 있어서 밥도 손으로 집어서 먹고 똥을 싸서 입에 집어넣거나 벽에다 바르고 깔고 앉아서 짓누르기도 한단다. 어쩌다 옷을 입혀 주면 곧 물어뜯어서 못쓰게 만들어 버린다고 한다.

"부처님, 저 불쌍한 생명에게 자비를 내리시어 업장을 소멸하고 좋은 생명, 정상적인 육신과 지능을 가지시게 하소서. 나무관세음보살 나무지장보살."

입속말로 기도가 절로 나왔다.

"부처님, 생명이 소중하고 그 중에 사람의 생명이 더욱 소중함을 간절히 느꼈사오니 저희들이 사람 몸을 받았을 때 사람다운 선행(善行)을 부지런히 하겠습니다."

위문간 젊은이들과 이런 이야기를 나누었다. 사람의 생명이 얼마나 귀중하고, 사람으로 태어난 권리가 얼마나 큰가를 느낀다.

그렇게 자신의 몸도 유지하지 못하지만 우리 정부와 복지원에서 그들이 생명이 다하는 날까지 보호해 주고 지켜 주고 있는 것이다.

우리는 행복하다. 지능이 정상이고 사대육신이 정상으로 태어나서 행복하다. 공부를 잘하거나 못하거나, 주변에서 얼굴 예쁘다고 말하거나 아니하거나, 수입이 적거나 많거나 간에, 보고 듣고 말하고 맛보고 생각하고 행동함을 자유롭게 정상적으로 할 수 있는 것만으로 무한한 복을 받은 것이다. 그러나 그 복많은 지능과 육체를 함부로 쓰거나 나쁘게 쓰면 스스로를 망치고 불행을 가져온다. 자기를 잘 다스리는 지혜를 부처님께서 가르쳐 주시고 오욕락(五慾樂)에 빠지지 말라고 하셨다.

또한 가족이나 동료가 내 기대와 뜻대로 되지 않더라도 정상적인 사람으로 보편적인 관계를 유지하는 것만으로도 감사하며 복된 인연임을 알아야 한다.

우리는 장애인을 위문하고 돕는다고 갔지만 도운 것은 담배씨만큼이고 배우고 느낀 것이 호박덩이만큼이나 크다.

자비방생은 공덕도 짓지만 지혜와 좋은 경험을 얻는 것이다.

두 권의 천자문(千字文)을 만들면서

승려로서 울산에 자리를 잡은 지 10년이 넘었다. 정토사를 창건하고 지역민과 지역 불교의 심부름을 하면서도 어린이 법회만은 소홀히 하지 않았다.

과외 학원 열기와 교통혼잡이 더해 가면서 대중 교통 수단으로는 절에 오기를 꺼려하고 TV 만화 방송에 빠져서 절에 오기 싫어하는 어린이를 위해 절 전용 소형버스를 운행하는 등 여러 가지 방편을 조금씩 써 보았지만 어린이 법회 운영은 더욱 힘들어지고 법회에 참여하는 아동이 조금씩 줄어들어 안타까운 심정이었다.

이런 안타까움 속에서 한가지 방편으로 방학 때 한문교실을 열었다. 나는 평소에 불공이나 재 의식도 상당 부분 한글로 하고 대중 속에 이해되는 의식을 행하고자 한글 불경요집을 편집 간행하여 불경을 우리말화하면서 한글 의식의 당위성과 시급함을 여러 곳에서 말하고 불교 방송에서도 말한 적이 있다.

그러나 한문도 어느 정도 알아야만 불교를 더 잘 이해할 수 있다는 뜻에서 한문 교실을 열다 보니 불교 한문은 무진장이지만 아동과 초보자의 수준에 맞게 가르칠 만한 교재를 정하는 데 어려움이 많았고 한문 교사와 함께 예불문과 학교 교재에서 나름대로 뽑아 교재를 엮어 가르치기도 했다.

그러던 중 모든 불자와 국민이 불교 한문을 함께 공부할 수 있고 신앙적인 경전을 쉽게 해독할 수 있는 책을 만들어야겠다는 생각에 〈불교 천자문〉을 만들게 되었다.

우리 불자들이 가장 많이 독송하는 〈반야심경〉, 〈예불문〉, 〈천수경〉, 〈금강경〉, 〈아미타경〉, 〈관세음보살 보문품〉, 〈화엄경 보현행원품〉, 〈부모은중경〉의 8개 경전에 나오는 약 2만 자(字) 중에서 중복되지 않는 1,090자를 찾아서 옥편을 만들고 경전 속의 숙어를 모두 해설하고 8개 경전의 대의를 정리하여 자전편을 '글자 · 숙어 · 대의'로 엮어서 휴대용 소책(小冊)을 만들었다. 그 중에서 1,000자만을 쓰기 교본(大冊)으로 엮어서 나름대로는 이 책 두 권(大 · 小冊)으로 경전 공부와 한자 공부와 쓰기공부로써 사경의 공덕까지 짓도록 노력을 했다.

낮에는 사찰 관리와 신도 제접과 울산 불교 교육원 국장직 등에 전념하며 책 편집은 주로 저녁 시간에 하다 보니 자정을 넘길 때도 많았지만 불교를 위하고 모든 불자의 교육에 담배씨만큼 작게나마 도움이 된다는 신념으로 게으름없이 반 년 동안 지속해서 편집작업을 하여 마무리지었다.

수행하며 포교하며 자연과 사람과 만나면서 아름다웠던 시상을 엮은 시집 역시 마음과 인연 공부의 산물이다. 그리고 매주 2회씩 강의하는 정토 불교대학을 정토회관에서 열고 있으니 체계적으로

심도있게 가르치고 신행하게 하는 장도 열렸다.

이런 일들도 부딪치면서 배우고 만물이 스승이라는 교훈 속에서 평상심이 도(平常心是道)이며, 언제나 일이나 공부 중에 어느 쪽이거나 쉬지 않고 행한다는 신념으로 행한 것이다. 이 모두가 큰 힘이 되었다고 느껴진다.

이런 것이 온당한 뜻, 즉 원(願)이 있으면 성취(成就)의 길이 있다는 것이리라.

어린이 포교의 필요성

"스님, 반갑습니다."

길거리를 지나는 스님께 당연히 합장하는 여섯 살 어린이의 표정은 햇살처럼 밝고 따스해 보인다. 이렇게 총명하고 덕스러운 어린이는 우리 모두의 보배이며 이 사회를 이끌어 나갈 내일의 주인공들이다.

이런 어린이를 생각할 때 참다운 인성교육과 정서순화가 절대로 시급한데 근대에 이르러 자녀에 대한 교육열은 높지만, 지식의 일방적 주입으로 물질문명의 노예가 된 교육의 굴레에서 얽매어 있는 실정이 여실하다.

이러한 어린이에게는 삶의 지혜인 부처님의 진리로서 바른 길을 가르치고 인도해야 되겠다. 우리 기성세대가 자신의 번뇌를 여의고 괴로움을 면하고 싶고, 불법을 신행하여 진리를 찾고 안락을 얻어 불법의 진가를 느꼈으면 사랑하는 자녀, 내일을 이끌어 갈 주역인 어린이에게도 이 좋은 보배를 나누어 주어야 하지 않을까?

이 보배는 나누어 줄수록 증가하며 또한 이 자비의 보배는 남녀

노소 모든 사람의 것임에 틀림없다.

"어머님, 우리 절에 같이 가셔요."

"아버님, 우리 모두 합장하고 공양합시다."

우리 절 주위에 살고 있는 어린이들이 부모님께 자주하는 이야기입니다. 이런 것이 곧 부처님의 마음이며 참다운 포교이며 사회정화 운동의 지름길이다.

"어머님, 절에는 무엇하러 가셔요?"

하는 질문에

"집안의 무병장수와 복을 빌러 간단다."

하는 식의 신행(信行)과 포교는 시대에 낙후된 것이며 불교의 앞날을 생각할 때 심히 걱정스런 일이라 믿어진다. 우리가 오래 전부터 많은 어린이에게 부처님의 참뜻을 알아 행하게 했더라면 오늘의 한국 불교의 교세가 훨씬 번창하여 사회도 정화되고 복된 국토가 되었으리라 믿어진다.

일요일 어린이 법회 때마다 어린이를 대해 보면 맑고 천진한 바탕이라서 가끔 엄청난 의문을 갖고 질문을 하곤 한다. 이럴 때 참 진리를 바로 이해시켜 주면 이것은 평생 동안 잘 잊혀지지 않을 것이며 설사 지속적으로 불교를 신행하지 않더라도 어떤 역경이나 어려운 일이 닥쳐오면 부처님을 찾게 되고 부처님의 가르침을 생각하게 되므로 이것이 사회에서 흔히 이야기하는 유아교육 또는 영세(零歲)교육의 중요성이 아닌가 생각한다.

불법(佛法)에 '일념즉시무량겁(一念卽是無量劫)'이란 말씀이 있으며 한 순간에 선업(善業)을 닦으면 불세계(佛世界)로 한 걸음

다가서며 한 순간에 악업(惡業)을 지으면 삼악도로 진일보한다고 한다. 그러므로 천릿길도 한 걸음부터라는 속담처럼 우리 어린이 포교에 대한 문제는 소홀히 할 수 없다.

이런 노다지 포교에 들어가려면 어려움이 한두 가지가 아니다. 그러나 경에 말씀하시기를 '원력이 있으면 반드시 성취된다.' 하셨고, '난 행을 능행(能行)하면 존중여성(尊重如聖)'이라 하셨으니 이를 믿고 불자의 사명감으로 이 불사를 추진해야 한다. 어린이를 교화하는 일은 우리 불교의 장래는 물론 현 시점에서도 시급한 일이다.

우리 일요 어린이 법회에 나오는 어린이가 모두들 착하고 신심 있게 행동하며 많은 착한 일을 행하는 것을 보고 가족까지도 불교를 신봉하게 되는 불자가 되기도 한다.

그런데 한국 불교의 전통이 1600여 년이고 신도가 천만 명이 넘음을 자랑하고 있으며 대승보살행을 행한다는 스님과 신도님들도 많이 계시지만 어린이 교화에 참여하시는 분은 소수이며 무관심한 분들도 많이 계셔서 참으로 안타깝다.

지금 서울, 부산을 비롯하여 전국 각 지방에서는 상당수의 불자들이 어린이 포교에 정성을 다하고 있지만 아직도 우리 부산의 경우 젊은 청년이나 대학생 불자들 외에는 참여가 미흡하다. 이러한 시기에 범 불교적 차원에서 뜻있는 불자들의 힘을 모으고, 마을에 접해 있는 모든 사원(寺院)에서는 어린이 법회를 열고 여건과 능력이 있는 불자들은 불교 유치원을 설립해야 하며, 나아가서는 종립학교도 곳곳에 세워서 어린이와 청소년층의 포교를 원만히 함이 마땅하다.

또 하나 어린이들을 올바르게 지도, 교화하려면 첫째 역량을 갖춘 교사를 양성해야 하고, 둘째 성전, 영화, 슬라이드, 율동, 찬불가, 문구 등 신심과 흥미를 돋우는 다양한 교재를 창안, 개발해야 하고, 셋째 물심양면으로 모두 각자의 분야를 찾고 간접적으로도 동참해야 한다.

대승보살의 육바라밀에서도 보시는 첫째로 되어 있으며 보시 중에서도 법보시(法布施)가 수승하며 모든 의식에서는 사홍서원의 '중생무변 서원도'로 회향하며 우리의 독경 염불은 모두 '자타일시 성불도(自他一時 成佛道)'로 마치는데, 이론과 말로만 할 것이 아니라 실제로 행하는 어린이 포교가 시급하다 하겠다.

우리는 인과(因果)를 중히 여기는데 어릴 때부터 인(因)을 심어 건실한 인간성과 자비의 종자를 뿌려 두면 그 과(果)는 평생토록 알차게 익어 갈 것이다. 그러므로 어린이 포교는 시급하고 다같이 동참해야 할 중대한 일이다.

-1982년 부산에서

법당 안내원

근래에 본사(本寺) 및 명승 고찰에 수많은 관광객이 몰려오고 있는데 사찰의 유래나 법당의 진리와 의미 또는 교훈은 전혀 알아보지도 않고 가르쳐 주는 사람도 없다. 그러므로 상세한 안내와 불교적 지도가 있으면 사찰의 이미지나 불교의 포교상으로 지대한 효과가 있으리라 믿어진다.

또한 관광 안내원이 안내를 하는 경우에도 문화적 가치 또는 보물·국보 등만 이야기하고 조금 상세히 한다면 연혁, 건축양식, 예술적 가치를 말한다.

그러니 절에 가끔 다니는 관광객이나 참배 불자까지도 법당의 주불(主佛)이 어떤 부처님이며 우리에게 어떤 교훈과 공덕을 주는지 어떤 영험을 보이는지는 모르고 그저 절을 한다.

그런 실정이니 관광객은 참배를 할 줄도 모르고 불심이 조금 있는 사람일지라도 혼자 하려고 하다가 쑥스러워 그만두기도 한다. 거리에 나서서 열심히 포교를 하여도 모자랄 지경인데 각자 자기의 경비와 시간을 소비하면서 찾아온 사람에게까지 불교를 가르치지 못하고 그냥 돌려 보내고 있으니 안타까운 일이다.

  이는 우리 조상이 피땀 흘려 지켜서 물려준 재산을 이용만 하고 열매만 따먹는 무사안일주의라 여겨진다.

  이런 좋은 기회에 포교하고 사찰 경제에도 공헌할 수 있는 방안을 제시해 본다.

  첫째, 각 법당 안내원을 두어 안내 포교를 하도록 한다.

   □ 법당 안내원 제도의 장점

  ① 사찰과 불교에 대한 이해를 도울 수 있다. 전국민에게 불교 홍보와 관광 놀이문화도 선도한다.

  ② 사중(寺中) 경제에 도움이 된다.

  예를 들면 관음전에 천수천안 관세음보살님은 자비 위신력으로 근심 업장이 소멸되고 생각하고 염불하고 절하면 소원을 이룸을 안내한다. 또는 약사전에서 동방 만월 세계 약사 유리광 부처님은 우리들의 병고를 모두 알아보시고 약을 내리시어 치료하신다.

  그러나 간절한 정성을 보여서 인연 닿는 자에게 먼저 실현하신다고 한다면 더 많은 헌금 예배자가 생기고 불교를 더 가까이 할 것이다.(불전 수입 증가, 불공 기도 접수 증가, 기왓장 전각 불사 동참 증가)

  ③ 전국 각처 신도 범위 확대 및 신도 수가 증가된다.

  ④ 포교 전법 인재 발굴 양성이 촉진된다.

  ⑤ 자원 봉사단이 결성되면 사찰의 여타 행사에도 인력 도움이 된다.

  둘째, 자원 봉사단 안내 포교 실시 방안

① 자원 봉사자 모집 및 교육은 본사 신도의 가족이나 지방 신행 단체(청년회, 대학생회, 거사림 중)에서 선발하거나 각 본말사(本末寺) 주지의 추천으로 모집한다.

② 자원 봉사자 교육은 정기적으로 본사에서 실시한다. 교무국(포교국 또는 강원)이 관장하고 교육 필증과 신분증을 수여한다.

③ 교육 내용은 불교 기초 교리와 본사 각 법당의 주불(主佛)의 신앙적 의미 및 위신력 그리고 경전상의 근거를 가르치고 현실 생활과의 관계 등을 가르친다. 그리고 사찰 법회와 불사와의 연계성도 가르치고 민족의 얼과 주체성 문화 등도 가르친다. 교재는 이해하기 쉽게 우리말로 편집하고 요점을 정리하여 안내하는 화술(話術)도 가르친다.

④ 자원봉사자의 출석은 월별 요일별 등으로 담당자를 편성한다. 기능별로 '외국어 가능한 자, 설법이 가능한 자' 등으로 편성하며, 각 법당마다 배치함이 이상적이나 여의치 못하면 상노전 1명, 중노전 1명, 하노전 1명, 일주문, 천왕문, 불이문 정도라도 괜찮을 것이다. 자원 봉사자 수만 많으면 1인이 월 1~2회 출석 봉사하고도 보람과 긍지를 가질 것이다.

셋째, 실행 가능성을 살펴보면 이 안내 자원 봉사 취지와 목적 방안 등을 사부 대중에게 홍보하고, 보람과 긍지를 갖도록 본사 발행 포교지 무료 증정, 사찰 무료입장권, 공로패(감사패) 등으로 작은 보상이 따르면 안내원 지원자는 충분히 있을 것이다.

각 교구 본사부터 이 제도를 속히 시행하여 주시기를 간절한 마음으로 건의드리는 바이다.

기도 법회 운영의 개선안

현재 한국 불교의 기성 종단에서 행하고 있는 불공 및 기도법회는 구시대의 전통에 얽매여 현시대 민중의 여망에 부응함이 미약하다고 사료되어 그 결점을 지적하고 개선 방안을 제시해 본다.

본 제안은 개인의 주장이기도 하지만 불교의 뜻에도 합당하다. 부처님께서 설하신 진리는 만고 불변하지만 그 진리를 깨닫게 교화하는 방편(方便)은 현실의 연(緣)에 따라 수시로 변한다. 그것이 바로 '응병여약', '수기설법'이므로 시대와 민중에 맞게 의식이 개선되어야 한다.

현재 행하는 의식의 염불 독경은 한문 음이며 사회의 일상용어와 거리가 멀어서 염불이 지닌 특유한 음향의 기능(경건하고 마음 속 깊이 들어가는 소리)은 신도의 마음에 작용하겠지만 그 내용을 대부분 모르고 있다. 또 초입문 신도와 신앙의 정도가 얕은 신도의 기대와 관심을 모으는 것은 축원문인데 이 축원도 주소 성명 이외에는 모두 한문으로 한다.

그러므로 내용은 모르고 맹신적으로 믿는다. 다시 말하면 나의 소원을 스님께서 부처님께 고하고 소원 성취를 빌어 주셨을 것이라는 정도의 신앙심과 위안을 받을 뿐이므로 이에 그 개선 방안을 제시해 본다.

신앙적인 면과 전통적 권위를 지키면서 현대인의 마음을 압도할 수 있어야 하므로 전통적인 송주(誦呪) 〈천수경〉 등 모든 신도와 함께 읽을 수 있게 〈한글천수경〉을 먼저 권하고 독경을 시작한다. 그 다음 유치 청사는 간략히 줄여서 전통 의식의 시간을 단축하고 축원에서 대중화된 우리말로 간절히 호소력 있는 발원문과 부처님의 가호가 금방 내릴 듯한 발원을 해야 한다.

예를 들면 '부처님은 시방 세계 모든 곳에 몸을 나투시어 중생의 원에 구원해 주시며, 어떠한 어려움이 있어도 언제나 어디서나 지혜와 용기를 주시는 부처님의 위신력을 확신하면서 간절히 발원하옵니다.'

그 다음 중단(中壇) 퇴공도 간결히 마치고 난 후 법문 시간을 충분히 편성하여 그 법회의 요지와 신도의 고충 및 여망을 파악하고 기대를 저버리지 않는 내용을 설하고 불심 고취와 수행 위주의 법문도 흥미롭고 엄숙하게 해야만 한다. 요지와 줄거리를 강조하고 마치기 직전에 핵심을 재정리하여 설해야 하며 들은 법문을 알고 기억하는 데 그치게 하지 말고 실행하고 타인에게 전할 수 있게 조리 정연하게 해야만 한다.

법문을 마친 후에 신입 신도의 소개 및 상호 협조 사항 등을 공지하여 신도간의 화합 유대를 굳게 하도록 유도해야 한다.

법당 의식을 마친 후에 스님이 개별적으로 개인의 고충을 상담

하는 시간을 잠시 두어 최선의 지혜와 자비를 베풀 수 있는 길을 열어서 가능한 것만이라도 해결해 주는 기회가 마련되어야 한다. 이렇게 하는 것이 현시대 민중의 여망에 부응하는 살아있는 법회 운영이라고 주장해 본다.

그러면서 전체적으로나마 설법을 통해서 불타의 본뜻이 깨달음과 중생 구제에 있다는 것을 확실히 믿게 하고 신해행증(信解行證)을 바로 설하여 바로 행하게 해야 할 것이다. 신앙적으로 기원에만 편중되어도 아니 되며 교리만 알아서 학문처럼 알게 해도 금물이다. 참진리를 실행하고 전법할 수 있게 문서나 간행물을 줄 필요성도 있다.

또한 기도 법회 의식 등을 절에 나오는 신도 위주로만 거행해서는 쇠약하고 진취성 없는 불교를 면치 못한다. 고로 어린이 일요법회나 저녁 시간 법회, 기도 정진 등 각계 각층에 맞는 갖가지 형식의 법회도 운영하여야 한다. 그 대상에 맞는 교재와 법사 방법 등을 다각적으로 동원해야 한다.

다시 말하면 찬불가, 율동, 시청각 포교자료(비디오, 환등기, 영화 등), 음악, 무용 전문가 등등도 동원하고 전통적인 것에 더 역점을 두고 시대에 맞추어 넓혀야만 부처님법이 더욱 빛나고 사회는 정토화 된다고 믿으면서 포교 현장에서 느낀 점을 제시해 본다.

청소년 포교를 위한 어린이 연꽃잔치

우 진 석

　오늘의 불교가 서구 사조의 와류(渦流)에서 부침(浮沈)하고 있는 요즈음 큰 원력들을 세우시는 스님들이 계셔서 불교계의 앞날은 밝기만 하다.
　전국 처음으로 우리 울산에서 정토사의 덕진 스님이 미래 불교 흥성의 모체인 어린이 포교에 앞장서고 계신 것은 참으로 다행과 행운이 아닐 수 없다. 스님이 어린이 불자의 불모지인 울산에서 여러 가지로 애쓰시는 것을 볼 때마다 때때로 감동을 하지 않을 수 없다. 정말 이러한 신념을 가지고 어린이 포교 교화 사업에 정진하시는 스님이 많았으면 하는 마음 간절하다.
　여러 가지 행사 중에서도 제1회 연꽃잔치를 울산 대학 교정에서 성황리에 마치고 이어 제2회 연꽃잔치를 작년 5월 1일 울산 종합체육관에서 뽀빠이 김병조를 사회자로 초빙하여 약 6,500명의 어린이들이 한 마음이 되어 큰 연꽃잔치를 벌였다.
　스님은 지극하신 정성으로 나라의 앞날을 짊어질 어린이 포교야말로 중요한 일이라고 늘 강조하신다.

각 사찰의 암자, 여러 신행 단체들이 합심이 되어 많은 인원들이 모인 장소에서 무사히 행사를 치를 수 있었던 것에 대하여 여러 회원님들의 무량한 불심과 노력에 감사할 따름이다. 스님과 회원 불자들이 참여하고 사방으로 뛰시는 것을 볼 때 과연 부처님 법은 높은 것이구나 깨달았다.

스님은 물질 만능 시대에 어떻게 하면 어린이들이 정신적인 면을 살찌우고 풍부한 인생의 출발을 도울 수 있을까 하시며 일요일마다 어린이 법회를 열어 법문을 가르치신다.

항상 마음이 올바르고 생각이 풍성한 어린이와 부처님 법을 몸으로 익히고 가까이하여 신심을 깨끗이 할 수 있도록 원력을 세우신 그 일환으로 그 어렵고도 어려운 5월 1일의 행사도 갖게 된 것이다. 3~4개월 전부터 계획을 세우고 입안을 하여 부실 없는 행사를 치르고자 고심하며 포교에 조금이라도 관심과 정성을 기울이는 불자를 찾아 홍보를 펴시며 협조를 구하셨다.

이제 우리의 불교도 잠에서 깨어나 일취월장하여 새로운 면모로는 불자를 찾아 홍보를 펴시며 협조를 구하셨다.

　우리의 불교도 잠에서 깨어나 일취월장하여 새로운 면모로 일신하여 조상 대대로 면면히 이어오는 민족 종교의 긍지와 얼을 하루라도 빨리 지금 세대가 갈고 닦아서 민족정신을 일깨우고 부흥하고 복된 나라가 될 수 있도록 우리 모든 불자들이 씨뿌리고 가꾸어는 관심과 협조를 아끼지 말아야 할 것이다.

　국민정신의 화합과 나라의 미래를 위해서는 어린이 때부터 부처님 법을 배우고 익혀서 지혜를 밝히고 무명에서 벗어나 모든 어린이들의 능력을 무한히 개발할 수 있는 법회 모임을 만들어 복을 짓고 착한 일들을 할 수 있는 어린이들이 불심이 돈독한 불제자로 세상을 살아갈 수 있기를 바란다고 하신다.

　이 행사를 계기로 전국 방방곡곡에서 활화산처럼 어린이 포교의 봇물이 터졌으면 하는 간절한 기원을 드린다.

　이런 행사를 통하여 어린이 눈에도 부처님은 항상 가까이 계시며 우리도 부처님 법을 익혀서 사람답게 착하고 아름답게 자랄 수 있는 긍지를 심어 준 좋은 자리가 되었음을 믿어 의심치 않는다.

정·토·불·교·대·학

■ **정토불교대학 수강생 모집중**

개강일: 매년 3월초 · 9월초 연 2회
시　간: 매주 목요반 · 금요반/오전 10시~12시(1학기 4개월, 2학기 4개월)

■ **과목 및 강사진**

과　목: 부처님 생애, 비교종교, 불교의식, 천수경, 금강경, 불교음악, 불교예절, 불교복지, 포교론, 근본불교, 경전개론, 동양사상과 불교, 대승불교, 불교의 제신앙, 기도와 서원, 원각경, 불교와 윤리

강사진: 덕진스님(정토사 주지), 우룡스님(학성선원 조실), 윤영해 교수(동국대), 지안스님(통도사 강주), 일진스님(운문사 강주), 김용태 교수(부산 신라대 총장), 도문스님(밀양 무봉사 주지), 양명학 교수(울산대 국문과), 이봉춘 교수(동국대), 우진스님(통도사 중강), 시공스님(옥천사 주지), 한정섭(금강선원 이사장), 백운스님(前 범어사 강주), 고순호 법사(부산불교연구원장)

삼천불전 건립 및 삼천불 조성 봉안 안내

■ 삼천불전이 1998년 6월 17일 상량하였으며, 11월 28일에 준공봉불식(2천불)을 봉행합니다.
■ 한 부처님을 모시는 시주금은 30만 원(월2~3만 원 장기 분납 가능)
■ 삼천불전 및 요사건립 시주금은 성심껏 하셔도 됩니다.
　　(1인 15만 원 이상 시주는 명단을 비석에 새겨 드립니다.)

법 회 안 내

★ 신　　도　회: 음력 1~3일 신중기도, 불공기도, 설법
☆ 일 반 신 도: 음력 15일(미타재일)불공기도, 설법, 매월 음력 18일(지장재일)
　　　　　　　　: 매월 음력 18일(지장재일, 정토 상조회)
★ 정 토 불 교 대 학: 매주 목요일-2기 오전, 신행반 오후/ 매주 금요일-3기 오전.
☆ 불 교 청 년 회: 매주 목요일 오후 7시
★ 수효불교학생회: 매주 토요일 오후 2시
☆ 연꽃불교어린이회: 매주 일요일 10시
★ 연 모 회 모 임: 둘째 목요일, 넷째 금요일 모임

★ 울산시 남구 옥동 803-5 정토사　Tel. 258-9944, Fax. 260-0655
　　(시내버스 1-2, 19, 23, 23-1, 24, 24-1, 27, 35, 301번:공원묘지 입구 하차)

대한불교조계종 정 토 사(淨土寺)

덕진(德眞) 스님

· 법호(法號) - 山河
· 경남 하동 출생
· 불보종찰 통도사 승려, 통도사 극락선원 수선 · 부산 금화사 주지 역임
· 부산 지역 향토 예비군 법사단 단장 · 울산 남부 경찰서 경승실장
· 1992년『문학세계』로 등단 시인 · 울산 불교교육원 설립이사
· 대한불교 어린이지도자연합회 회장 · 선재연구모임 회장
· 계간『선재』, 월간『속삭임』(청소년교양지) 발행인
· 복지봉사단체 함께하는 사람들 창립 및 공동대표
· 現 울산지방 경찰청 경승 실장
· 現 울산 정토사(창건) 주지 · 現 정토 불교대학 학장
· 저 서:《한글 불경요집》《佛敎千字文》(자전편 · 쓰기편)
  시집《연꽃처럼 햇살처럼》《지혜문 행복문》
  편저《발원문 선집》

두 번째 화살을 맞지 말라

1998년 4월 7일 초 판 1쇄 발행
2008년 8월 19일 개정판 1쇄 발행

지은이 덕 진 스님
펴낸이 김 동 금
펴낸곳 우리출판사

등 록 제 9-139호
주 소 서울특별시 서대문구 충정로 3가 1-38
전 화 (02)313-5047, 5056 / 팩스 (02)393-9696

ISBN 978-89-7561-267-1   03810

값 10,000원

* 저자와의 협의에 의해 인지는 생략합니다.
* 잘못 만들어진 책은 교환해 드립니다.